# PRESENÇA VIVA
o caminho sufi para o ser essencial

KABIR HELMINSKI

# PRESENÇA VIVA

o caminho sufi para o ser essencial

*tradução*
Julia Grillo

ATTAR EDITORIAL
SÃO PAULO, 2020

Copyright © 1992 Kabir Helminski

*Living Presence: a sufi way to mindfulness and the essential self*

Copyright desta edição © 2020 Attar Editorial

*edição e tradução:* Julia Grillo

*revisão e preparação:* Tarcila Lucena

*projeto gráfico e diagramação:* Tania Grillo

*caligrafia da capa: Le Passand D'Orphalese,* Hassan Massoudy (Syros Éditeur)

"Será que meu coração se converterá numa árvore carregada de frutos,

que eu possa colher e distribuir entre eles?"

KALIL GIBRAN, *O PROFETA*

*supervisão editorial:* Sergio Rizek

DADOS INTERNACIONAIS DE CATALOGAÇÃO NA PUBLICAÇÃO (CIP)
(CÂMARA BRASILEIRA DO LIVRO, SP, BRASIL)

---

Helminski, Kabir

Presença Viva : o caminho sufi para o ser essencial / Kabir Helminski. -- 1. ed. -- São Paulo : Attar Editorial, 2020.

ISBN 978-65-88776-00-1

1. Espiritualidade 2. Religiosidade 3. Sufismo I. Título.

20-45610 CDD-133.9

---

ÍNDICES PARA CATÁLOGO SISTEMÁTICO:

1. Espiritualidade 133.9

Aline Graziele Benitez - Bibliotecária - CRB-1/3129

Attar Editorial

Rua Madre Mazzarello, 336

fone: (011) 3021 2199 - cep 05454-040 - São Paulo

attar@attar.com.br - www.attar.com.br

## NOTA DA EDIÇÃO BRASILEIRA

Manifestamos nossa gratidão ao autor, Kabir Helminski, por sua colaboração ao longo desta tradução, que resultou em preciosos esclarecimentos e acréscimos para a edição brasileira.

Somos também gratos a Hassan Massoudy, que generosamente nos cedeu a caligrafia que ilustra a capa do livro. De origem iraquiana e radicado na França, Massoudy tem uma longa trajetória em seu trabalho como artista da caligrafia. Suas exposições são verdadeiros pontos de encontro entre o Oriente e o Ocidente. Sua imagem inspirou todo o trabalho visual aqui desenvolvido.

Por fim, nossos agradecimentos a Gilda Grillo, que foi a grande motivadora da realização desta edição. Seu entusiasmo com a obra e seus incentivos foram essenciais para que a publicação em língua portuguesa se tornasse possível.

# Sumário

| | |
|---|---|
| Presença: uma introdução | 11 |
| 1. A cidade da separação | 17 |
| 2. Trabalho da alma, refletir o Espírito | 22 |
| 3. Ser, coração e Espírito | 29 |
| 4. A energia criativa e as capacidades humanas | 36 |
| 5. Equilibrar o exterior e o interior | 44 |
| 6. O poder do Ser | 51 |
| 7. Atenção voluntária | 56 |
| 8. Meditação: o refinamento da atenção | 64 |
| 9. A tirania do falso ser | 71 |
| 10. O cuidado com a alma | 83 |
| 11. Consciência | 89 |
| 12. O Ser essencial | 95 |
| 13. Tornar-se amigo do ego | 102 |

| | |
|---|---|
| 14. Polir o espelho da consciência | 107 |
| 15. Escuta interior | 114 |
| 16. A dança da personalidade | 120 |
| 17. Integrar o Ser fragmentado | 127 |
| 18. Mistérios do corpo | 135 |
| 19. Fidelidade e graça | 144 |
| 20. A alquimia do esforço | 151 |
| 21. Objetivo e autoconhecimento | 156 |
| 22. Emancipação do medo | 162 |
| 23. Sofrimento imaginário e real | 169 |
| 24. Superação do egocentrismo | 173 |
| 25. Morrer antes de morrer | 177 |
| 26. Liberdade da alma | 181 |
| 27. Tornamo-nos aquilo que amamos | 187 |
| 28. Amor, o transformador | 193 |
| 29. A religião do amor | 199 |
| 30. Devoção: contato com o infinito | 203 |
| 31. Refinar a psique | 208 |
| 32. Serviço no meio divino | 219 |
| 33. O que é o sufismo | 225 |
| Glossário | 231 |

AGRADECIMENTOS

Em minha busca espiritual contraí uma grande dívida com muitas pessoas que me guiaram com sua luz: os jesuítas, na primeira etapa de minha formação, especialmente Martin D'Arcy, S.J.; Shibayama Roshi e Suzuki Roshi, os primeiros mestres Zen que conheci; Murshid Samuel Lewis e Ram Das, com os quais vivi e trabalhei na Lama Foundation; vários discípulos de Gurdjieff, especialmente William Segal e Pierre Elliot; Reshad Feild por sua perspicácia e amizade; Shaikh Suleyman Dede por sua enorme boa vontade, que nos guiou ao encontro de Mevlana Jalal ud-Din Rumi; Celalettin Chelebi por seu apoio e orientação; Hasan Shushud pela doce evanescência; Shaikh Tosun Bayrak al-Jerrahi por seu firme apoio; Murat Yagan por sua lucidez excepcional e o efeito profundamente positivo sobre minha forma de pensar; Ilhami Baba, Turgut Koca, Oruc Guvenc, Metin, Ishan, Hasan Dede e Muhittin Baba por sua hospitalidade e conversas espirituais; Refik Algan por sua inestimável amizade e orientação; Dr. Abdul Aziz Said por sua excelente rede de contatos; e Dr. Assad Ali pelo que não se pode expressar em palavras.

Devo também manifestar meu agradecimento às seguintes pessoas: a minha esposa Camille, por sua companhia espiritual ao longo de mais de dezessete anos; a Thomas Goldberg por suas sugestões editoriais; a David e Marion McClelland que me ofereceram sua casa em Maui, o lugar onde este livro foi completado; a Jeremy Tarcher, que me demonstrou sua generosidade ao valorizar essas ideias; e à equipe cordial e profissional de Jeremy P. Tarcher, Inc.

*Kabir Helminski*

# Presença:
# uma introdução

A prática da presença nos convida a uma relação consciente com Deus. A fé, a ação virtuosa, a ética e a justiça social, todas estão fundadas em um estado no qual o ser humano *recorda-se* de Deus. Mais ainda, a capacidade de recordar-se de Deus está relacionada à habilidade de estar desperto, de estar aqui. O agir com intenção (*niyah*), com reflexão (*tafakkur*), autovigilância (*taqwa*) e beneficência (*ishan*) pressupõe um estado de presença consciente.

Este tema está presente em todas as grandes tradições religiosas. É conhecido por muitos nomes – despertar, lembrar-se, recordar-se, *zhikr* – e às vezes não tem nome algum. O estado desperto de consciência abre-nos para o espanto e o maravilhamento, e acrescenta algumas dimensões à nossa maneira de estar no mundo. Para além da faixa de percepção que tem sido aceita como o estado de percepção convencional, há uma faculdade que é como a chave mestra para destrancar nosso potencial humano latente.

Encontramos esse estado em todas as tradições nas quais se faz presente uma verdadeira reverência, uma consciência do sagrado. No Islã, especialmente, toda a vida é tida como sagrada. Muitas das práticas do Islã podem ser compreendidas como caminhos que exigem e desenvolvem a presença, como fazer abluções (*wudu*), realizar a prece ritual (*salaah*) e a cortesia (*adab*) nas nossas relações. Nas reflexões deste livro, chamaremos isso de *presença*.

Presença significa a qualidade de *estar conscientemente aqui*. É a ativação de um nível mais alto de atenção, que permite que todas as nossas outras funções humanas – tais como pensamento, sensação e ação – sejam conhecidas, desenvolvidas e harmonizadas. A presença é a forma como ocupamos o espaço, e também como fluímos e nos movimentamos. Ela dá forma à imagem que fazemos de nós mesmos e ao nosso tom emocional. É a presença que determina o grau do nosso estado de alerta, abertura e afeto, e que define se deixamos escoar e dispersamos nossa energia ou se a incorporamos e direcionamos.

Presença é a autopercepção humana como resultado final da vida neste planeta. A presença humana não é diferente de outras formas de vida meramente no sentido quantitativo; a humanidade representa uma nova forma de vida, na qual a energia espiritual está suficientemente concentrada, a ponto de produzir a vontade. Com a vontade, o poder da escolha consciente, os seres humanos são capazes de formular intenções, de transcender seus instintos e desejos, de educar a si mesmos e gerir o mundo natural. Infelizmente, podemos também usar esse poder para explorar a natureza e tiranizar outros seres humanos. Essa potência da vontade, que por um lado conecta-nos à harmonia consciente, pode também nos levar à separação dessa harmonia.

Refiro-me à presença como um atributo humano, com a compreensão de que se trata da presença de Deus refletida por meio do humano. Podemos aprender a ativar essa presença pela nossa vontade. Uma vez ativada, ela se encontra tanto dentro como fora de nós. Nós a encontramos estendendo-se para além dos limites do que pensávamos ser nós mesmos, e assim nos libertamos da separação, da dualidade. Poderíamos falar então sobre estar *dentro* dessa presença.

Hoje em dia, muitos vivem em uma era pluralista, pós-moderna, pós-religiosa, e são poucos os que têm a segurança da fé. Vivemos um tempo em que as histórias, os sistemas de crenças e mitologias dos séculos passados perderam sua credibilidade, mas estão mais disponíveis para nós do que jamais estiveram na história humana. Nós os vemos agora como verdades relativas, não absolutas. As margens das culturas tornaram-se porosas; o paroquialismo está em vias de dissolução, mas ainda não temos um vocabulário espiritual comum. No entanto, o mundo está indo em direção a uma convergência econômica, psicológica e espiritual sem precedentes. Somos muitos e compartilhamos um espaço limitado. A comunicação está se tornando universal e instantânea. A humanidade, mais do que nunca, precisa de uma consciência espiritual para equilibrar essa explosão de tecnologia e comunicação. Precisamos de um sentido de nobreza e responsabilidade por sermos humanos, assim como precisamos de uma consciência da unidade de toda a vida, ou então sucumbiremos a forças inconscientes que nos empurrarão para o abismo. Talvez mais do que nunca, precisamos agora de uma forma de ativar e desenvolver a nossa condição latente de seres humanos, para equilibrar as forças que a ameaçam – os meios sem precedentes de satisfazermos nossos desejos e a ignorância que vigora acerca do sentido e propósito da vida.

Mas não precisamos ser pessimistas. O sufismo – por meio do qual me refiro ao entendimento interior e essencial do Islã como um sistema de treinamento espiritual – é uma expressão do Poder Criativo no âmago da vida, capaz de guiar-nos através desses tempos desafiadores.

Gostaria de compartilhar, da maneira mais prática possível, algumas das experiências, reflexões e saberes que foram preservados dentro da sabedoria tradicional do Islã. Já é tempo que essas ideias entrem no coração dos seres humanos contemporâneos. Apresentadas em uma nova linguagem, podem atravessar os muros da resistência e do condicionamento, erguidos pelas circunstâncias modernas.

Devo muito aos mestres vivos que, de forma tão generosa, compartilharam sua sabedoria e presença. Neste livro, refiro-me a diversos mestres como "meu mestre", pois minha intenção é enfatizar o aspecto de sua função, mais do que sua identidade biográfica.

Dentro da grande tradição do amor e da presença, várias pessoas me deram o que podiam dar e o que fui capaz de receber. Sem essa conexão viva, não teria chegado a compreender os ensinamentos deixados pela tradição. O que devo à história espiritual do Islã está implícito em tudo o que tenho a dizer aqui.

Grande parte da minha vida adulta esteve ocupada com a busca por diversas práticas e psicologias espirituais. Trilhei o caminho e explorei algumas vias laterais e até alguns becos sem saída. Por mais de quarenta anos, tenho estado envolvido em uma experiência de aplicação da sabedoria tradicional do Oriente e do Oriente Médio no ambiente ocidental contemporâneo. Minha própria experiência provou-me que a prática da presença é um meio essencial para se viver uma vida humana plena, aqui e agora, e para que se possa conhecer as qualidades que costumamos descrever como "espirituais".

A presença é como um passaporte para uma vida melhor. É a nossa conexão com aquele Ser maior ao qual pertencemos, que tantas vezes fica soterrada sob preocupações mundanas, desejos físicos, perturbações emocionais e distrações mentais. Por meio da sabedoria, da prática e da compreensão, essa presença pode ser despertada. Algum dia já não viveremos sem ela – ao falar ou nos movimentar, ao pensar ou sentir. Despertar essa presença é o meio mais confiável e direto que temos de cultivar nossas qualidades humanas essenciais, de ativarmos tudo o que precisamos para alcançar o máximo possível em nossas vidas. A presença é o ponto de interseção entre o mundo dos sentidos e o mundo do Espírito. Que possamos descobrir, sem nunca cessar, sua beleza e poder!

Minha intenção com este livro é apresentar algumas ideias transformadoras que trazem consigo uma energia própria. Mas é preciso aplicar essas ideias, vivenciar esses ensinamentos. São vocês que devem descobrir como aplicá-las; caso contrário não poderá haver uma relação prática e transformadora com essa sabedoria. Nas páginas que se seguem, ofereço-lhes algumas sugestões de formas pelas quais é possível pôr em prática essas ideias – no contexto do exercício formal de sua religião, da sua visão de mundo e de sua vida cotidiana –, mas não tenho a intenção de que tais formas sejam consideradas definitivas ou completas. A fim de fazer que essas ideias se tornem suas, vocês precisam ser receptivos à sua força, precisam ser ativos ao aplicá-las à sua vida.

Tentei alcançar uma certa clareza e consistência de linguagem para tratar de um assunto que pode, às vezes, ser fugidio. Peço desculpas por qualquer confusão ou outras falhas que venham a encontrar.

*Kabir Helminski, 2013*

O Mestre disse: Há uma coisa neste mundo que nunca deve ser esquecida. Se você esquecesse de todo o resto, mas se lembrasse disso, não teria motivo algum para se preocupar; por outro lado, caso realizasse e recordasse de todas as outras coisas, mas esquecesse dessa única coisa, então não teria feito absolutamente nada. É como se um rei o enviasse a outro país para realizar uma determinada missão. Você viaja até lá e realiza uma centena de outras tarefas, exceto aquela para a qual foi enviado; então, é como se não tivesse realizado absolutamente nada. De modo semelhante, o ser humano veio a este mundo para realizar uma tarefa em particular, e é esse seu propósito; caso não o cumpra, não terá feito absolutamente nada.

*DISCURSOS DE RUMI (TRADUÇÃO DE A. J. ARBERRY)*

*The Master said: There is one thing in this world which must never be forgotten. If you were to forget everything else, but did not forget that, then there would be no cause to worry; whereas if you performed and remembered and did not forget every single thing, but forgot that one thing, then you would have done nothing whatsoever. It is just as if a king had sent you to a country to carry out a specified task. You go and perform a hundred other tasks; but if you have not performed that particular task on account of which you had gone to the country, it is as though you have performed nothing at all. So man has come into this world for a particular task, and that is his purpose; if he does not perform it, then he will have done nothing.*

# 1
## A cidade da separação

Havia uma vez uma cidade coberta de nuvens. Lá encontravam-se grandes edifícios de escritórios, escolas, lojas e fábricas. Nessa cidade, os recursos eram abundantes, tanto materiais quanto humanos; era o centro de toda a economia. Lá, você *precisava* ser uma pessoa importante e bem-sucedida, e também era um lugar onde muitas coisas terríveis aconteciam, então a maioria das pessoas, por sua própria avaliação, sentiam-se fracassadas. Ninguém, nem qualquer lugar nesta cidade, estava a salvo dos mais variados tipos de delitos, e as condições às quais as pessoas estavam sujeitas produziam uma infinidade de doenças, algumas delas mortíferas e contagiosas.

A cidade era muito escura; a energia tornara-se limitada e havia pouca luz disponível. As pessoas passavam umas pelas outras como sombras e era difícil se enxergarem. Talvez, para serem mais notadas, passavam a improvisar várias formas extremas de comportamento e vestimentas.

Nesse ambiente, era normal as pessoas viverem desconfiadas e com medo, e até mesmo os que se diziam amigos guardavam muitos segredos uns dos outros. Se você perguntasse quem estava no comando, eles diriam: "Aqui somos todos livres; seguimos a nós mesmos. Ninguém nos controla. É assim que funciona".

Na minha infância, sempre tive um sentimento inquietante com relação à cidade onde vivia, tendo tido apenas alguns relances do campo em viagens com meus pais. Mas quando me tornei adolescente, já começava a me orgulhar das atrações e da energia da vida urbana a que me acostumara, pensando que naquele lugar se podia encontrar o pior e o melhor de tudo o que existe. Sentia-me impelido a caminhar pelas ruas escuras a qualquer hora do dia ou da noite. Desejava ser um observador, mas cada vez mais me tornava parte da cidade. Finalmente começou a nascer em mim o desejo de encontrar uma outra vida, de mudar algo dentro de mim mesmo; mas por mais que eu pensasse sobre isso, tudo permanecia igual. Certa vez, perguntei a alguém: "Será que sou o único que sente que algo não está certo? Ou será que os outros às vezes também sentem isso?".

"Ah não, claro, todos nós reclamamos", ele respondeu. "Mas isso é a vida. Precisamos nos adaptar à realidade. Por que assobiar contra o vento? Mas nesta cidade há um lugar onde talvez encontre pessoas que se sentem como você: o Bairro do Remorso."

Ah... O Bairro do Remorso, como era conhecido, me interessava. Talvez fosse possível conviver com pessoas mais parecidas comigo. Ou quem sabe, pelo menos, não me sentisse tão estranho e solitário. E assim, fui viver nesse bairro por um tempo, e passei a conhecer as pessoas de lá. Eram exatamente como as outras pessoas da cidade, em todos os aspectos, com a diferença de que sentiam remorso por alguns de seus atos. No meio dessa gente havia muitos indivíduos arrogantes, invejosos e mentirosos que se compraziam em obter vantagem em todas as situações. Eu os conheci bem – seu egoísmo e dúvidas, suas obsessões e hesitações, seu remorso e a aceitação, inevitável, da sua própria fraqueza.

Eu me perguntava: "Por que as pessoas não mudam? Por que apenas cogitam mudar, mas nunca o fazem de fato? Por que não pensamos em como isso tudo vai acabar?"

Por sorte, algumas pessoas desse bairro conseguiram sair da cidade e chegar a outro vilarejo, chamado Compartilhar. Encontravam-no ora por completo desespero, ora por acidente. Ali, na entrada da cidade, havia uma placa em que se lia: O ESPÍRITO EM TODOS NÓS. Esse vilarejo era a morada do Senhor Afeto. As pessoas vivenciavam várias formas de estar juntas, tinham muitas ocasiões de celebração, cantavam e dançavam juntas. As crianças eram respeitadas e tinham bastante tempo livre para brincar, e também lhes davam tarefas úteis para fazer. Os viajantes eram sempre bem recebidos e cuidados. Os membros da família não tinham medo de se tornarem velhos e inúteis. Quando um deles ficava doente, os outros aproveitavam a oportunidade para visitá-lo. As pessoas casadas não tinham medo do julgamento ou do abandono. Os amantes eram puros e sem culpa. Cada pessoa valorizava seu próprio trabalho pela forma como se encaixava no todo, e todos tinham algo com que trabalhar, pois cada um era necessário para os outros e para a comunidade.

Mas, acima de tudo, o que os mantinha felizes era o amor totalmente irracional e imensurável que sentiam pelo Senhor Afeto. As pessoas que chegavam a conhecê-lo dificilmente deixavam o vilarejo.

Ao contrário das pessoas daquela outra cidade, que agiam movidas única e previsivelmente pelo seu próprio interesse, o povo do vilarejo chamado Compartilhar era imprevisível. Agiam de forma irracional, sempre dando o que tinham de melhor sem esperar nada em troca; viviam em uma vibração de amor. Não teriam sido capazes de viver em outros lugares. Aqui em Compartilhar era possível ver os ricos e os pobres juntos, e os mais sábios humildemente ensinavam aos que desejavam saber mais. Os que eram servidos respeitavam e eram gratos àqueles que os serviam. Ao chegar a este vilarejo, imediatamente senti-me relaxado e em casa; cheguei até a ser feliz. Minha vida transcorreu tranquilamente por um tempo, até que comecei a sentir uma inquietude no coração. Foi quando encontrei um homem, bem velho, cujo rosto irradiava vida e compaixão. Disse a ele, "Talvez você possa me ajudar. Não consigo me lembrar o que é que eu realmente quero".

"O que você ama mais profundamente?", perguntou-me.

A cidade da separação

"Quando estava na cidade, já não me lembrava mais do amor. Quando cheguei a este vilarejo, percebi que não havia nada que eu quisesse mais do que estar aqui, com essas pessoas. Mas agora não tenho certeza."

"Mais além deste vilarejo, meu filho, há uma região que você deve visitar", ele disse. "Não se preocupe com o caminho, eu o ajudo a encontrar. Se passar um tempo lá, encontrará, se Deus quiser, quatro tipos de pessoas.

"Primeiro, há os Fingidores. Você os verá lendo e falando sobre a Verdade, e até fazendo posturas de meditação e realizando algumas formas de oração, mas sua mente muitas vezes está vagando em outro lugar. Ainda assim praticam os caminhos do amor e partilham dos frutos do amor, como se realmente o conhecessem, e isso irá salvá-los no final. Estão aprendendo que o Um tem muitos nomes. Tomara que a sua imitação possa um dia tornar-se realidade.

"Em seguida há os Guerreiros. Eles praticam o Trabalho Maior, a batalha com o ego. São suaves e tranquilos, agradecidos e gentis. As atividades que amam são os simples atos de viver e de rezar, e também o serviço espontâneo. Livraram-se das artificialidades do ego e suas muitas distrações. Seus egos foram domados pelo amor, encontraram a submissão e aprenderam a servir ao seu grande Ser. Caso os encontre, fique com eles tempo o suficiente para aprender a paciência e o verdadeiro contentamento.

"Em terceiro lugar você encontrará, se Deus quiser, o Povo da Recordação. Em tudo o que fazem, eles se lembram, internamente, do Real. Comem pouco, dormem pouco e falam pouco, para que sua atenção não se distraia da presença do Único Real. São as pessoas mais fáceis de se ter por perto – leves como plumas, nunca são um peso para ninguém. Se passar muitos anos com eles, se Deus quiser, poderá chegar a superar suas dúvidas e até mesmo o esquecimento. Mas mesmo se chegar a esse ponto, você ainda terá a contradição oculta do eu e Ele."

Nesse momento fui arrebatado por tamanha tristeza que, antes que percebesse, as lágrimas já rolavam pelo meu rosto. Queria afogar-me nesse mar de sofrimento, pois me sentia tão distante de qualquer coisa real, tão perdido... Mas a visão radiante do rosto do meu velho amigo afastou de mim esse sentimento de desespero.

"Ah, meu querido", disse ele, "escravo do próprio ego, mendigo, órfão vivendo no exílio... O quarto grupo que você irá conhecer, se Deus quiser, é o Povo da Submissão Total. Eles não falam. Não realizam qualquer ação desnecessária, e não há nenhum obstáculo à vontade do seu grande Ser, nenhuma hesitação, nenhuma dúvida ou negociação. Eles chegaram ao estado mais sutil de si mesmos. Reconhecem sua própria inexistência e por isso são tão transparentes como se não fossem nada. Essas pessoas não pedem nada para si mesmas pois são identificadas com o próprio Poder Criativo. Você pode viver com eles durante muitos anos até chegar a conhecer o seu estado, até que suas ações se pareçam às deles; mas não será internamente um deles enquanto continuar a sofrer pela separação, enquanto continuar a ser você mesmo e ainda sentir-se amante *e* amado. Enquanto sua experiência vier do poço do seu próprio subconsciente, por suas faculdades interiores; enquanto restar em você um único traço de si mesmo, ainda não terá atingido seu propósito. Saiba que há uma sabedoria e uma certeza que vêm apenas do Espírito. O Espírito e mais nada: é este o seu destino mais elevado."

*Essa história é baseada em uma fonte turca do século dezenove. Interpretei-a livremente, na esperança de que nós, buscadores, sejamos capazes de refletir sobre onde vivemos e para onde estamos indo.*

# 2
## Trabalho da alma, refletir o Espírito

A abundância busca os pobres e os mendigos
Como a beleza busca um espelho.
Os mendigos são, então, espelhos da fartura de Deus,
E aqueles que estão com Deus
Estão unidos à Abundância Absoluta.
RUMI, *MATHNAWI I*: 2745, 2750

*Abundance is seeking the beggars and the poor,*
*just as beauty seeks a mirror.*
*Beggars, then, are the mirrors of God's abundance,*
*and they that are with God are*
*united with Absolute Abundance.*

A educação, como costuma ser entendida atualmente, sobretudo no Ocidente, é antes de mais nada um processo de transferir informação para o intelecto, ou o treinamento de um determinado conjunto de habilidades. Mas cabe-nos perguntar: como seria uma educação da alma? Quais entre os atributos essenciais da nossa qualidade de seres humanos são mais necessários e precisam ser desenvolvidos?

A educação de modo geral não leva em conta a alma humana, ou o Ser essencial. Esse Ser essencial não é uma entidade vaga, cuja existência é uma questão especulativa; nosso "Eu" fundamental tem sido velado pelo condicionamento social e pela superficialidade da nossa mente racional. No mundo de hoje, temos grande necessidade de uma forma de treinamento que contribua para o despertar do nosso Ser essencial. Tais formas de treinamento já existiram em outras eras e culturas, e estiveram disponíveis para as pessoas que queriam despertar do sono de seu condicionamento limitado e conhecer o potencial latente do ser humano. Fomos feitos para conhecer a nós mesmos; fomos criados para essa autoconsciência; somos perfeitamente equipados para isso. O que poderia ser mais importante do que conhecer a nós mesmos?

A educação da alma é diferente da educação da personalidade ou do intelecto. A educação convencional ocupa-se com a aquisição de conhecimento externo, para que as pessoas se tornem algo no mundo exterior. A educação da alma envolve não apenas conhecimento, mas a realização de uma presença que é nossa natureza mais profunda, uma presença capaz de atenção voluntária, de desenvolver a vontade e de transcender o eu.

Aquilo que é mais caracteristicamente humano não nos é garantido por nossa espécie ou cultura; é-nos dado apenas em potencial. Um mestre espiritual certa vez expressou isso ao dizer que "uma pessoa precisa trabalhar para tornar-se humana".

O que existe de mais distintamente humano em nós é algo mais do que o papel que desempenhamos na sociedade, mais do que o condicionamento da nossa cultura, seja este para o bem ou para o mal. Nosso Ser essencial é nosso ponto de contato com o Espírito infinito.

O Espírito não é algo a ser compreendido como uma afirmação metafísica na qual devemos acreditar, e sim como algo que podemos experimentar por nós mesmos. E se você, como ser humano, representasse o resultado final de um processo no qual o Espírito vem desenvolvendo refletores cada vez melhores de Si mesmo? Se o ser humano é o portador mais desenvolvido do Espírito Criativo – possuindo amor, vontade e criatividade conscientes – então nossa humanidade é medida pelo quanto esse

Trabalho da alma, refletir o Espírito

veículo físico e espiritual é capaz de refletir ou manifestar o Espírito. O que há de mais sagrado em nós, mais profundo do que a nossa personalidade individual, é a nossa conexão com esse Espírito, o Poder Criativo.

Enquanto a crença religiosa convencional tende a antropomorfizar Deus, neste processo trata-se de o ser humano qualificar-se por meio dos atributos divinos. Poderíamos chamar tal processo de "santificação" do humano. Nossa natureza é realizada por meio da compreensão e da consciência de que o Ser essencial humano é um reflexo do Espírito, de Deus. Tornar-se verdadeiramente humano é alcançar uma consciência tangível do Espírito, é perceber a si mesmo como um reflexo do divino.

O Grande Trabalho é a educação da alma. O início desse trabalho consiste em despertar uma consciência transcendente, a presença de uma vontade capaz de iniciar e sustentar a ativação das nossas faculdades humanas latentes. É preciso certo conhecimento, assim como a prática e alguma ajuda para que possamos vir a saber o que somos, e para nos tornarmos mais plenamente humanos. Temos necessidade desse Trabalho pois muitos dos nossos atributos humanos atrofiaram-se; por falta de uso, tornaram-se faculdades latentes em vez de funcionais. A maior parte dos seres humanos no mundo contemporâneo negligenciaram os atributos espirituais fundamentais de consciência, vontade e compaixão. O ser humano não possui apenas as faculdades sensíveis, emocionais e intelectivas que já conhecemos, mas também outras faculdades ou sentidos mais sutis: volitivas, psíquicas, intuitivas, magnéticas, empáticas e ecológicas. Uma pessoa integrada, purificada e energizada, com todas essas faculdades funcionando de maneira harmônica, experimentaria uma íntima comunhão com a Origem da Vida. Só assim poderemos perceber como nossas qualidades humanas mais preciosas refletem-se através de nós desde essa origem, o Poder Criativo divino.

Para atingir uma comunhão íntima com o sagrado, nosso Ser essencial precisa despertar de seu estado latente. Para isso, é necessário um programa abrangente e equilibrado de educação espiritual. Nosso Ser essencial não é algo absoluto ou fixo, e sim uma direção em um espectro de possibilidades. Em uma ponta do espectro está a autoconstrução falsa e artificial da pessoa que ainda não conheceu a si mesma, que não fez a jornada interior do autoconhecimento; na outra ponta, um Ser mais espontâneo e natural, sem artifícios. À medida que nos tornamos relativamente livres da identificação com nossa programação e condicionamento social, chegamos a conhecer a subjetividade purificada ou a consciência, que é nossa natureza inata. Esse Ser essencial, como se verá, possui os atributos do Espírito, incluindo a capacidade de escolha consciente, amor incondicional e criatividade fundamental.

A compreensão, em seu sentido mais pleno, não é meramente saber algo, mas torná-lo real dentro de si mesmo. Chegamos ao Ser essencial por meio de um processo de descondicionamento, recondicionamento e incondicionamento. Isso também pode ser descrito como minimizar o que é negativo, aumentar o positivo e, finalmente, abrir-se ao Espírito. São poucos os modelos tradicionais oferecidos no Ocidente para esse tipo de desenvolvimento humano intencional. Tal trabalho não tem acontecido de forma sistemática em nossas universidades, comunidades religiosas ou igrejas. Essas instituições têm produzido pouco mais do que o desenvolvimento de um intelecto manipulado e focado no mundo exterior. Nossas instituições religiosas enfatizam as crenças em vez da experiência, a emoção e não a experiência transcendente, e um comportamento religioso convencional mais do que a transformação interior. Estamos famintos por alimento para a alma. As sociedades ocultas e iniciáticas no Ocidente, com pouquíssimas exceções, ofereceram pouco mais do que rituais, simbolismos e distrações psíquicas. Nossa cultura tecnologizada, ao ignorar o trabalho de despertar nossa humanidade latente, criou uma "civilização" perigosamente desequilibrada. Nossos recursos tecnológicos superam em muito a nossa compreensão acerca do propósito da vida. Consequentemente, muitas almas estão perdidas em meio ao deserto de distrações que se multiplicam.

Seria útil distinguir entre o que aqui chamamos de Trabalho, por um lado, e religião ou filosofia, por outro. O Trabalho é uma aproximação do Espírito que envolve um compromisso total, uma forma de vida. Uma religião é um sistema de crenças e rituais que pode ou não ser uma forma do Trabalho para alguém em particular. Uma filosofia, no mais das vezes, é um sistema de ideias, uma investigação dos princípios subjacentes ao conhecimento e à realidade; trata-se, essencialmente, de um sistema mental.

A pessoa religiosamente inclinada pode perguntar "No que devo acreditar?", enquanto a pessoa de orientação filosófica poderia perguntar "O que é a verdade?". Já aquele que pergunta "Como encontrar Deus, como experimentar o Espírito, como me tornar a Verdade?" está fazendo as perguntas do Trabalho. A busca se dá por meio da experiência, por um processo de maturação em que usamos cada vez mais nossas faculdades sutis e por uma mudança gradual de percepção.

Algumas questões espirituais importantes do nosso tempo são se o Trabalho precisa ou não do suporte de uma tradição e até que ponto tais tradições são viáveis em um mundo pluralista, pós-moderno. Há hoje uma enorme resistência à linguagem tradicional e religiosa por parte de um grande número de pessoas inteligentes. Não se trata, necessariamente, de uma resistência às verdades que a linguagem religiosa costumava antigamente expressar, mas à depreciação e vulgarização da Realidade. Pois "Realidade", afinal de contas, é uma das maneiras de designar o que chamamos de Deus. Quando a perplexidade diante dessa Realidade é substituída por *slogans* e presunção, não é de se espantar que muitos se afastem da religião.

Como essas verdades podem ser agora compreendidas, expressas e percebidas? À medida que tentam aplicar formas tradicionais de treinamento espiritual, vários indivíduos e grupos precisam lidar com certos aspectos dessas formas que se adequavam a outro tempo e lugar. Distinguir entre aquilo que é essencial e o que se tornou inapropriado não é tarefa para amadores, e muitos tradicionalistas não estarão de acordo que se trata de uma tarefa necessária.

É necessário também que novas formas de treinamento sejam desenvolvidas, formas apropriadas à condição em constante transformação do ser humano. Só quando se alcança níveis mais elevados de compreensão é possível inovar e adaptar o ensinamento a um novo meio. A tradição, se é sagrada e autêntica, está sempre se adaptando e se inovando. Mas a cultura de hoje encontra-se diante de uma descontinuidade maior do que qualquer outra em toda a história, como se pode constatar pelo fato de que a quantidade total de informação com a qual os seres humanos precisam lidar se multiplica exponencialmente em questão de anos, e não mais de séculos.

Vemos por toda a parte uma fome espiritual insaciada, assim como algumas formas bizarras e exóticas de tentar satisfazer essa fome. Qual é a forma que o desenvolvimento interior do ser humano pode assumir no mundo, neste tempo? O Ocidente teve um histórico de experimentos espirituais que se dirigiam ao desenvolvimento humano intencional. Mas mesmo essas tentativas foram, em sua maioria, isoladas e experimentais, sem um conhecimento tradicional adequado – mais disponível no Oriente e Oriente Médio – para guiá-los. Hoje, no início do novo milênio, temos uma rede de organizações espirituais; algumas delas vendem suas ideias e serviços no mercado, outras exigem a adoção ou imitação de culturas estrangeiras, e outras ainda pretendem oferecer sabedoria e bem-estar em convenientes *workshops* de fim de semana.

Certas culturas tradicionais desenvolveram formas em que se manifesta o Grande Trabalho. Minha própria busca por compreender começou com os sistemas do Extremo Oriente e acabaram por trazer-me à tradição sufi, particularmente como tem sido praticada na Ásia Menor e na Ásia Central. O que me impressionou a respeito dessa tradição foi quão bem integra-se ao aspecto prático da vida. Parece que aqueles que se desenvolvem dentro da tradição sufi atingem uma maturidade espiritual sem precisar sacrificar sua participação em uma vida plenamente humana. São pessoas que se mostram eficazes no mundo, como membros da sociedade, pais, mães, amantes, enfim, seres humanos completos.

Existe um conhecimento e uma prática para nos conectarmos à Vida cósmica. Isto nada tem a ver com crença; é algo que se aprende. Tais conhecimentos e práticas são incrementados pela consciência que temos deles, por nossa percepção cada vez maior da abundância de energia cósmica. A vida é infinita, e essa infinidade pode ser acessada. A única limitação é da própria percepção.

# 3
## Ser, coração e Espírito

Deixa que o Jesus de teu Espírito monte o jumento;
Não faças o teu Jesus carregar o jumento.
RUMI, *MATHNAWI II*: 1853-5

*Let the Jesus of your Spirit ride the donkey;*
*Don't make your Jesus carry the donkey.*

Uma semente não tem energia própria, mas no ambiente adequado é capaz de ser ativada. Todas as formas de vida têm alguma capacidade de ativação, mas nenhuma tanto quanto o ser humano. Em um ambiente infértil, essa capacidade de reação pode ficar dormente. O cultivo que precisamos prover é por meio da percepção consciente. É isto que causa a diferença entre estar nominalmente vivo ou estar vivo de forma efetiva, abundante.

A vida não é apenas essa vitalidade bioenergética, mas também uma vitalidade espiritual, que é eterna, e é isso que nos define. Diz-se que este período de vida que conhecemos na terra é apenas um capítulo na história da Vida; e essa Vida eterna reflete-se por meio de nós.

Ao ter consciência, podemos ser capazes de desenvolver todas as nossas faculdades. O corpo, a mente, o espírito e o meio ambiente formam um todo interconectado. Quando existe uma relação harmoniosa entre todos estes, temos uma vida abundante, efetiva, não meramente formal.

Uma vez perguntaram a um professor meu, enquanto tomava um café, qual era o objetivo do Trabalho. Ele escreveu em um guardanapo de papel as seguintes palavras: "Como seres humanos podemos trabalhar juntos a fim de (1) desenvolver nosso sistema nervoso por meio do trabalho interior; (2) desenvolver nossos corpos físicos por meio de exercícios conscientes, da respiração e da alimentação correta; (3) desenvolver nosso sentido de interdependência e altruísmo; (4) desenvolver a percepção da prioridade da causa comum; (5) desenvolver-nos nas relações sociais; (6) desenvolver-nos em relações conjugais e parentais; (7) desenvolver meios abundantes de vida mediante a qualidade do nosso trabalho; (8) tornar-nos guardiões do meio ambiente natural; e (9) desenvolver uma compreensão da Verdade, e realizá-la no mundo".

Os primeiros passos neste processo podem ser intelectuais. Nenhuma descrição de realidades espirituais ou do trabalho espiritual pode jamais ser absoluta, definitiva ou completa. Nunca podemos nos esquecer de que a Realidade, ou Verdade, está além de qualquer coisa que possamos dizer e, no entanto, como seres humanos, realizamo-nos mais completamente quanto mais nossas ideias estiverem em harmonia com nossas possibilidades. Pode não ser possível ou necessário dizer o que é a Verdade absoluta, mas para o ser humano a Verdade é que nós somos integrados à Verdade – não separados, nem meramente uma parte dela, mas integrados – e isso só podemos perceber por meio da experiência.

É necessário atingir alguma clareza intelectual, mas uma vez que a mente consciente se familiariza com certas ideias transformadoras, tais ideias podem penetrar no nível da mente subconsciente, tradicionalmente chamada de "coração". Tendo sido recebidas e compreendidas no nível do coração, ou seja, no mais profundo da mente subconsciente, essas ideias podem ajudar a criar uma nova receptividade da mente em todos os níveis do Ser.

O Trabalho, o aspecto prático, é primário; já a expressão intelectual desse processo, por mais necessária que seja, é secundária. O propósito dessa formulação não é apenas que seja lida pela mente, mas que se atue sobre ela de forma coerente. Ideias devem tornar-se valores, não meros passos em um processo lógico. A ideia de "presença", por exemplo, é uma ideia prática. Não se trata de uma crença ou opinião, mas de uma prática. Quando alguém a aprende e pratica, ela passa a ser, de certa forma, apropriada e valorizada.

Os quatro termos no diagrama abaixo representam, de forma simplificada, os termos e polaridades fundamentais do Ser, conforme apresentadas neste livro. Todos os termos empregados são infelizmente sujeitos a várias definições em diferentes idiomas, então é importante clarear logo de saída o que cada um deles significa aqui.

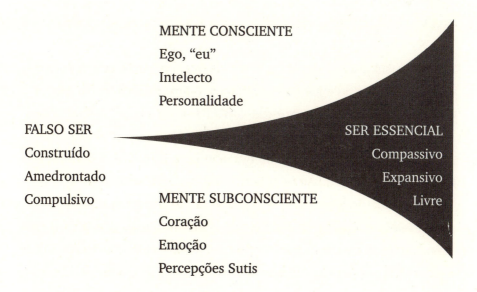

Começamos com uma noção de ser, um "eu", algo que todos experimentamos. Essa experiência pode ser muito diferente de uma pessoa para outra: para uns pode ser como algo contraído e separado, e para outros pode ser algo expandido, espiritualizado. Comumente, no entanto, esse "eu" constitui uma pequena parte de nós; e só é parte de nós à medida que nos tornamos conscientes.

Para além desse "eu", ou mente consciente, há um vasto reino, parte do qual pode ser chamado de subconsciente, que costuma ser visto como uma espécie de depósito de memórias soterradas, condicionamentos, complexos, impulsos e obsessões. Ao mesmo tempo, há uma mente supraconsciente que se encontra além da experiência convencional do "eu"; trata-se de um reino de intuições, de saber interior e inspiração sublime. De uma perspectiva espiritual, esses reinos — subconsciente e supraconsciente — são o que se costuma chamar de coração, a fonte da sabedoria e das percepções sutis. É infinito, ao menos se comparado à mente consciente, e comunica-se espontaneamente com outras mentes e com a grande Mente.

A outra polaridade que precisa de clarificação envolve o falso ser e o Ser essencial. A premissa básica deste livro é que a mente consciente se identifica em grande medida com o falso ser (*an nafs al-ammara*), produto do medo e do egoísmo. Podemos nos desidentificar desse falso ser e, por meio da presença, nos dar conta da nossa identidade com o Ser essencial (*an nafs al-mutmainna*). Os termos "falso ser" e "Ser essencial" são relativos. Da perspectiva do Ser essencial, sentimos nossa unidade com tudo por meio do Amor e das faculdades mais sutis da mente.

Conforme diminui, por meio do ensinamento e da prática espiritual, o domínio do falso ser, a qualidade do nosso sentido de "eu" também se transforma. O falso ser é uma imagem mental construída como defesa contra os nossos medos. É uma mentira sutil – ou não tão sutil – que se conta em troca de atenção ou aprovação. O falso ser é o resultado de uma angústia existencial; no nível mais fundamental, a alma se sente não amada, insegura e incapaz de confiar na Vida. Isso é um problema de percepção e consciência, pois o falso ser, incapaz de perceber o significado dos acontecimentos, é inconsciente da Misericórdia Divina que opera em cada detalhe da existência. As maiores almas testemunharam essa Realidade e tentaram comunicá-la a nós, ora por meio de princípios metafísicos, ora pela poesia. O Trabalho espiritual é uma metodologia fundada nesses princípios e *insights*, que podem seguramente educar o coração humano.

O movimento do falso ser para o Ser essencial é também uma ampliação e um aprofundamento da percepção nos reinos subconsciente e supraconsciente. O sentido da vida interior se expande qualitativamente e o ser torna-se consciente de qualidades e significados dos quais antes não tinha consciência. A vida exterior transforma-se por meio dessas novas percepções, e o ser percebe que está vivendo em uma Realidade benéfica e plena de significado.

O ponto onde nos identificamos no espectro do falso ser e do Ser essencial influencia nossa experiência de "eu", assim como a condição da nossa mente subconsciente. Claramente, as pessoas cujas vidas são governadas pela vaidade, e por todas as ilusões que vêm junto com ela, terão uma percepção e um sentido de ser diferente daqueles capazes de ter consciência da sua dependência no Espírito, e sua interdependência com a totalidade da Vida. Tais pessoas são humildes e apreciam cada momento, pois vivem com consciência da sua própria morte. Aqueles governados pela vaidade serão escravizados pela tirania do seu próprio ego, enquanto os que são cientes de uma Realidade maior experimentarão uma vida abundante e criativa, vivendo a partir do Ser essencial.

A realização espiritual é um processo de tornar-se completo, ao permitir que a mente e o coração respondam aos níveis mais elevados do Espírito. A maturidade espiritual não é um processo de desenvolvimento pessoal, pois a "pessoa" na qual tal desenvolvimento se baseia é uma identidade superficial. Esta é uma das coisas mais difíceis de se entender. Por muitos anos, pensei que estivesse "no Trabalho" para "me" tornar uma pessoa consciente, como se isso fosse uma realização. De forma lenta e dolorosa, comecei a aprender que o verdadeiro Trabalho é servir; trata-se de prestar atenção a como os outros seres humanos podem ser

Ser, coração e Espírito

33

ajudados em direção à liberdade e ao amor. E o único modo de ajudar é sendo um exemplo dessas qualidades, sem qualquer expectativa de reconhecimento ou recompensa.

Somos todos refletores desse Espírito maior. Toda a inteligência, beleza, força, compaixão, perdão, toda a paciência e confiança são presentes e atributos desse Espírito. À medida que aumenta em nós a consciência de nossa conexão com o Espírito, mais perfeitamente esses atributos são refletidos através de nós. Conforme lustramos o espelho do coração, tornamo-nos reflexivos e vivos. Tornamo-nos amantes desse Espírito puro.

Como podemos encontrar esse Espírito? Se está em toda a parte, não deveria ser muito difícil de encontrar. Mas onde é que está mais concentrado?

Em primeiro lugar, o Espírito está mais concentrado no coração humano, quando nos voltamos para ele e o reconhecemos dentro de nós. Ao nos voltarmos para a nossa própria experiência, ao cultivarmos uma vigilância com relação aos nossos próprios estados, podemos chegar a conhecer a nós mesmos, e assim conhecer o Espírito que refletimos.

Em segundo lugar, onde quer que duas pessoas estejam reunidas em recordação, a ressonância coletiva dos corações animará a todos. Os presentes do coração são comunicados de um coração a outro; isto raramente se alcança com a mesma potência quando se está sozinho. A amizade e a irmandade são o resultado de nossa comunhão sob a luz dessa Verdade.

O grupo ou irmandade existe para auxiliar na atração, concentração e transmissão de energias sutis que levam a novas percepções e à transformação pessoal. Muitos métodos foram desenvolvidos para gerar uma ressonância entre os seres humanos. Por meio da oração consciente, com uma harmonia de movimentos, sons e respiração, facilita-se certos estados que nos abrem para as capacidades relativamente ilimitadas da mente e do coração.

O trabalho espiritual tem sido tradicionalmente fundamentado em um modelo de grupo, aproveitando a dinâmica dos grupos para praticar valores tais como recordação, serviço, altruísmo, humildade, generosidade e vida comunitária. Aproximar-se do trabalho sozinho não apenas é uma grande limitação, como também corre-se o risco de cultivar a autoimportância e a presunção. A realização espiritual apartada de outros seres humanos é incompleta e possivelmente acaba por gerar autoengano. O despertar de qualidades humanas latentes, enquanto o sentido do ser ainda se baseia no ego, sem o suporte do Amor, só é possível até certo ponto. O propósito do Trabalho não é apenas despertar nossas próprias qualidades latentes; deve ser levado a cabo sob a graça protetora da humildade e do afeto. O verdadeiro Trabalho se completa sob a proteção e guia do Amor.

Temos a tendência de ir em direção à independência pessoal, mas a fim de conhecermos nosso Ser real precisamos abandonar os comportamentos protetores do ego que nos mantêm em separação. Precisamos abrir-nos a outros seres nesse meio de Amor. Precisamos nos reunir com os buscadores da Realidade, a fim de receber o presente da maturidade e nos oferecermos de forma generosa. Apenas quando começamos a abrir-nos para os outros no Amor é que o ego isolado pode transformar-se. Uma consciência da nossa interdependência com nossos semelhantes e com a totalidade da Vida proporciona o ambiente onde a semente da alma pode florescer.

Ser, coração e Espírito

# 4
# A energia criativa
# e as capacidades humanas

Vê como a mão é invisível enquanto a caneta escreve;
O cavalo se inclina, mas o cavaleiro não é visto;
A flecha voa, mas o arco está fora de vista;
As almas individuais existem,
Enquanto a alma das almas está oculta.

RUMI, *MATHNAWI II*: 1303-04

*See how the hand is invisible while the pen is writing;*
*the horse careening, yet the rider unseen;*
*the arrow flying, but the bow out of sight;*
*individual souls existing,*
*while the Soul of souls is hidden.*

De um modo geral, a visão convencional e aceita no mundo – que constitui a estrutura na qual a maioria dos políticos, acadêmicos e a maior parte dos cidadãos opera – é uma visão de fragmentação em vez de integridade, de separação em vez de unidade. Essa fragmentação e falta de sentido são o que tomamos por realidade. O senso comum, "realista", da realidade é em grande medida determinado por uma física newtoniana obsoleta e por um conceito que reduz o ser humano a meramente um animal inteligente.

Assim, o mundo é visto como um panorama de coisas que de algum modo se juntaram, por meio de um processo completamente aleatório.

A ideia de que a realidade é um todo espiritual e que nós somos integrados a essa totalidade – e não apenas partes distintas dela – não é a visão prevalecente de mundo. E a parcela da humanidade que costuma acreditar em uma ordem espiritual subjacente conhece-a principalmente como um conceito, não como experiência. Não conseguimos experimentar essa unidade senão nos momentos mais excepcionais, cujo significado não chega a ser integrado à vida ordinária, pois tais momentos ocorrem em um estado de consciência muito diferente.

A maneira como percebemos o mundo depende, até certo ponto, de como o compreendemos. Nossas ideias dão forma à nossa experiência de realidade, e é pelas nossas ideias da realidade que devemos começar se queremos sentir-nos em casa no mundo da integridade e da unidade espiritual. As ideias por si só não podem conduzir-nos a essa realidade unificada, mas essas mesmas ideias enraizadas na falta de sentido, na desunião e na separação precisam ser extirpadas. Elas distorcem nossa percepção e nos influenciam a não enxergar a perfeição do que realmente *é*.

Existem, no entanto, ideias de uma ordem superior que se originam a partir do contato com uma realidade mais profunda. Se essas ideias forem apreendidas e verdadeiramente assimiladas por nosso intelecto, então sua significância pode ser transposta para a mente subconsciente. Finalmente, as ideias que sustentam a experiência da unidade e da presença podem aprofundar e refinar nossa capacidade perceptiva. Imagine se essas palavras de Jesus se tornassem nossa realidade: "Observem as aves no céu: não semeiam nem colhem nem armazenam em celeiros; contudo, o Pai celestial as alimenta. Não têm vocês muito mais valor do que elas?" (Mateus 6:26).

Em algum momento da história do mundo moderno, as nossas mentes deixaram de ser capazes de sustentar as ideias espirituais tradicionais de uma ordem plena de sentido, e toda a estrutura que constituía a crença espiritual ocidental terminou por desmoronar. Talvez a estrutura em si não estivesse de acordo com a natureza. Talvez tenha se afastado demais da realidade, a ponto de não mais poder sustentar-se. Os seres humanos encontram-se nos escombros das antigas crenças. Muitas pessoas no mundo contemporâneo secular tateiam em meio aos estilhaços de significado, tentando imaginar como poderia ter sido o todo. Em sua maior parte, tentam cuidar de si mesmos tão bem quanto podem, mesmo na crença de que não passam de micróbios insignificantes em um universo indiferente.

Como um filho dessa cultura, reconheço e compreendo esse ponto de vista, mas já não é mais o meu. Alguns anos reinterpretando a experiência e praticando disciplinas da mente em harmonia com uma realidade unificada levaram-me a ver e experimentar a vida de outras formas.

A sabedoria tradicional concebe o Todo em termos de um único Poder Criativo que atua em diferentes níveis por diferentes meios, ou refletores, produzindo uma infinita variedade de resultados criativos. Em outras palavras, tudo o que existe é a manifestação de uma única Fonte de Vida e de Ser. Meus professores eram persistentes e incansáveis ao insistir neste ponto, e não posso insistir menos do que eles. Tudo o que tinham a dizer sempre voltava a apontar para essa verdade essencial, assim como todos os pontos de uma circunferência encontram seu sentido no centro.

Um Poder Criativo atuando em diferentes campos produz diferentes efeitos, e a vida é um desses efeitos. A energia criativa da vida reflete-se de diferentes formas a depender daquilo que lhe dá corpo, do que a reflete. Existe apenas uma energia cósmica, mas conforme essa energia encontra vários refletores, é transformada em diferentes capacidades ou qualidades – assim como diferentes dispositivos elétricos refletem uma única e mesma energia elétrica na forma de movimento, som, luz e calor.

Essa energia criativa estimula todos os processos da vida em geral e toda a variedade da atividade humana em particular. Tudo reflete essa única inteligência e poder criativo.

Nós não experimentamos diretamente esse Poder Criativo; apenas o conhecemos conforme se reflete em nosso mundo e em nós mesmos. Os minerais, a vida vegetal e animal, todos refletem de diferentes modos a mesma energia criativa. A vida humana contém todos os níveis e qualidades do mundo natural, assim como certas manifestações dessa energia que são distintamente humanas.

Porque essa energia é abundantemente criativa, produz efeitos que são belos, sutis, inesperados e carregados de vida. Porque essa energia é uma só e provém de uma única fonte, ela conecta todas as coisas, desde as galáxias às partículas subatômicas, dentro de seu propósito e significado maior. Cada grão de areia é singular e, ao mesmo tempo, nada está isolado do todo.

A energia é definida pela física como a capacidade de realizar trabalho ou superar resistência. Vemos os efeitos da energia nas plantas que florescem e no processo de pensamento humano, na formação dos minerais e na evolução da cultura, no chute da bola em um jogo de futebol e no *insight* repentino que traz para o foco uma nova compreensão. Mas as qualidades de energia são diferentes e podem ser organizadas em uma hierarquia natural que, uma vez que a entendemos, é evidente por si só.

Essa energia refletida no mundo dos sólidos, ou mundo mineral, tem a capacidade e a função de dar forma e manter as coisas unidas. Podemos ver seu trabalho na formação de pedras e cristais. Aqui a energia tem um tipo de vida e participa em várias transformações moleculares. O mundo das formas sólidas, no entanto, se comparado a níveis mais elevados de energia, possui uma capacidade de interação bastante limitada.

No nível da vida vegetal ou vital, essa capacidade de interação aumenta. Essa forma de vida permite que a matéria participe de um intercâmbio muito maior e mais espontâneo: o sol, a água e os minerais combinam-se para formar uma rosa florescente. A vida vegetal e a animal passam a existir e são mantidas por energias vitais.

Conforme a vida se torna cada vez mais complexa, entram em cena uma liberdade e uma capacidade de resposta e interação ainda maiores. Na vida animal, essa capacidade permite que novos comportamentos sejam aprendidos e tornem-se respostas condicionadas. Certos padrões de comportamento surgem por meio da capacidade de aprendizado. Se determinado comportamento ajuda um animal a conseguir a comida de que necessita, esse comportamento é aprendido e gravado, tornando-se como uma resposta automática. Um animal que tem uma experiência desagradável causada por certas circunstâncias pode tentar evitar essas circunstâncias. O ser humano também é programado com uma série de respostas aprendidas, condicionadas, que se encontram logo abaixo do limiar da consciência. Esse processo de condicionamento é alcançado por meio de uma energia que pode ser chamada de energia ou capacidade "automática".

Para além disso, há uma faculdade um pouco mais consciente, que pode ser chamada de sensibilidade. Essa faculdade, presente nos seres humanos e também nos animais, é o que permite a percepção e a adaptação. Com essa qualidade de energia, a vida adquire uma possibilidade ainda maior de resposta a novas situações. Sempre que agimos com esse tipo de consciência – como se fosse a primeira vez, e não por hábito – estamos usando essa capacidade.

A consciência é caracterizada pela atenção, quando é focalizada, atraída ou direcionada a uma de nossas funções, como o pensamento, a emoção, os sentidos ou o comportamento. Percebemos algo quando nossa atenção é atraída. Frequentemente, nossa atenção é capturada pelo que percebemos: uma mosca em nosso nariz, uma pessoa bonita, uma memória, uma emoção forte. A atenção é monopolizada por certo tempo, até que alguma outra coisa a atraia.

Essa sensibilidade conduz a atenção para um único foco, mas ainda não permite que todas as nossas funções operem em um campo mais amplo de consciência. A atenção é monopolizada pelo conteúdo da consciência, em vez de se ampliar para incluir o próprio contexto da nossa consciência. No nível da energia sensível, podemos continuar fragmentados, absortos, identificados, com uma experiência momentânea, conscientes apenas de uma parte de nós mesmos a cada instante. Por exemplo, uma pessoa pode sonhar acordada e estar tão identificada com esse devaneio que o ambiente onde se encontra torna-se, para todos os efeitos, inexistente. No momento seguinte, algo no ambiente captura sua atenção e o devaneio desaparece da memória.

Apenas quando chegamos à verdadeira consciência é que encontramos uma capacidade que nos permite a ampliação do campo de percepção e, assim, um entendimento da nossa percepção e estado de ser. A verdadeira consciência nos torna abertos para a integridade e nos permite uma experiência completa de estarmos plenamente integrados a nossos sentidos, pensamentos e emoções. Todas as coisas são reveladas à luz abrangente da energia consciente. Acima de tudo, há um senso de "eu" diferente – não mais o "eu" que se identifica com cada impulso passageiro, cada sensação, pensamento ou emoção, mas uma consciência abrangente, uma testemunha transcendente, para além de si. Com a consciência, é possível dirigir a atenção e até mesmo estar consciente do movimento da própria consciência, observar para onde ela se desloca e o que a atrai a cada momento.

Cada nível de energia superior permite uma maior interação e liberdade. Para que o ser humano possa recuperar suas capacidades latentes, é necessária essa atenção intensificada.

Com a verdadeira consciência, em contraste com uma percepção passiva, o momento presente é um espaço amplo. Devaneios, memórias insistentes e o chamado de um futuro imaginário têm menos domínio sobre nós, pois o presente é percebido como é, na perfeição de suas várias dimensões. Isto é a percepção consciente de si mesma. A verdadeira consciência é saber que você *é*.

A presença é o estado em que se tem essa energia consciente, essa qualidade de atenção ativada. No nosso estado atual de cultura e condicionamento, o estado de presença costuma estar indisponível para as pessoas, a não ser na forma de lampejos ocasionais. No entanto, é possível cultivar a consciência, sustentá-la e torná-la nosso lar.

Como seres humanos, podemos compreender que uma única energia criativa conecta todas as coisas e que somos integrados a ela. Somos um com o Todo. Esta é a Verdade no nível mais elevado. Podemos saber também que temos, dentro de nós, diferentes capacidades para refletir essa energia única. Nossa forma física é um reflexo dela. Nossa capacidade para aprender novos tipos de comportamento e habilidades físicas é outra forma de refletir essa energia. Nossa capacidade de perceber e nos tornarmos conscientes de algo é outra capacidade com a qual somos dotados. Mas uma distinção crítica pode ser estabelecida entre a percepção e a consciência. Uma presença consciente é a percepção a partir de um estado de inteireza, que engloba o pensamento, o sentimento e os sentidos. A presença consciente é a luz da alma que subsiste à fragmentação e aos conflitos não resolvidos de personalidade. Ela é capaz, portanto, de unificar e harmonizar todos os outros fragmentos e capacidades, pois os transcende.

A consciência é a faculdade mais elevada que um ser humano pode voluntariamente experimentar. Sua importância é que nos abre para o que está além da vontade individual: os poderes criativos e vivificantes da Essência Divina.

Quando a presença consciente é despertada e nós adquirimos a habilidade de direcionar uma atenção refinada, tornamo-nos mais capazes de abrir o conhecimento do coração. O que é o conhecimento do coração? O coração, como os sufis o chamam, é a totalidade das faculdades da mente, tanto sub como supraconscientes. Essas faculdades funcionam além da cortina de nossa percepção consciente. Na maioria de nós, funcionam de forma errática, parcial e inconsciente, pois, como será visto, o coração humano está fragmentado e em conflito.

Se, no entanto, a mente subconsciente pode funcionar em harmonia com a Essência Divina, o Poder Criativo, a vida torna-se cheia de um novo significado que flui para a percepção consciente. Enquanto antes a percepção estava ocupada com camadas superficiais da atividade mental, especialmente com os pensamentos e desejos do nosso ego, agora é possível escutar internamente com mais constância. Por meio dessa escuta interior, a mente e o coração, assim como o ego e o subconsciente, podem ser integrados. A energia cósmica está sendo refletida pelas faculdades subconscientes da mente, e essas faculdades são capazes de refletir o novo, o criativo, o inesperado, o único.

O trabalho da presença é primeiro purificar e harmonizar nossas faculdades conscientes e subconscientes, purificar o coração em torno de um único centro; e em segundo lugar, pacientemente despertar as faculdades humanas latentes que estão adormecidas ou atrofiadas.

Um dia, o coração pode alcançar o contato com sua própria Fonte; atingirá uma intimidade com o Poder Criativo e conhecerá o Um por trás da multiplicidade. Redescobrirá seu lar na unidade de tudo o que é. Esta possibilidade existe, e os seres humanos estão destinados a alcançá-la cada vez mais. Este é o ser humano completo, a gota que se torna mar. Não é difícil, como nos disseram nossos mestres, pois fomos feitos para isso.

# 5

# Equilibrar o exterior e o interior

Alguém diz, "Preciso alimentar minha família.
Tenho de trabalhar muito para conseguir viver".
Ele consegue viver sem Deus, mas não sem comida;
Consegue viver sem religião,
Mas não sem ídolos.
Onde está aquele que dirá,
"Se comer o pão sem a consciência de Deus,
Engasgarei".
RUMI, *MATHNAWI II*: 307-79

*Someone says, 'I can't help feeding my family.*
*I have to work so hard to earn a living'.*
*He can do without God, but not without food;*
*he can do without Religion,*
*but not without idols.*
*Where is one who'll say,*
*'If I eat bread without awareness of God,*
*I will choke'.*

*Em certo ponto da minha jornada, o mestre de meu mestre, um homem de oitenta anos, havia sofrido um acidente de carro que por pouco não o levou à morte. Durante meses a condição de vida do mestre era incerta, o que fez com que todos os que o amavam ficassem profundamente cientes do que significava para eles a sua amizade em vida, em carne e osso. Depois disso, ele acabou se recuperando e vivendo mais alguns bons anos. Mas no momento em que já estava bem o suficiente para ao menos conseguir andar, telefonou para o meu mestre dizendo que lhe daria uma lição especial se ele fosse ao seu apartamento numa certa noite. Como essa era a primeira oportunidade de os dois se encontrarem depois de meses, meu mestre estava cheio de expectativa.*

*Os dois deram uma volta naquela noite, tão lenta e ponderada que ficou evidente a atenção que o mestre precisava ter a cada passo que dava. Caminharam até um dos bares mais elegantes daquela grande capital mundial. O mestre de meu mestre abriu a porta do lugar e eles entraram. Foi como se estivessem completamente invisíveis, enquanto os clientes, homens e mulheres muito bem vestidos, continuavam em suas conversas barulhentas e intoxicadas. Ele disse apenas: "Está vendo?".*

Em nosso estado habitual, as demandas externas da vida e os processos interiores de pensar e sentir se alternam, ocupando completamente nossa atenção, a tal ponto que não somos capazes de sustentar uma consciência verdadeira. Por "consciência" não quero dizer simplesmente percepção, que corresponde à energia sensível descrita anteriormente, mas um campo de percepção que inclui os conteúdos tanto da nossa experiência quanto do sujeito que tem a experiência.

O trabalho espiritual envolve a manutenção de um certo equilíbrio entre as demandas da vida exterior e uma presença consciente. Desejamos entrar livremente na vida do mundo e ainda conhecer a presença, a dimensão da consciência e a liberdade. É possível viver por meio da essência, que é a luz por trás da personalidade, em vez da personalidade superficial, limitada, que se identifica com cada um dos pensamentos e sentimentos passageiros.

A personalidade é nossa identidade superficial, os comportamentos e atitudes que aprendemos a ter; está atada às condições da vida exterior, à aprovação ou desaprovação, aos gostos e desgostos, aos elogios e à culpa. Trabalhamos para que essa essência, que pode verdadeiramente dizer "Eu sou", possa manifestar-se em meio à vida.

A personalidade, absorvida e governada pelo mundo exterior, é alheia à possibilidade de uma vida interior. Todos os seus eventos interiores estão ligados a eventos e coisas exteriores. A personalidade existe, antes de mais nada, em relação a outras pessoas e coisas, e quer encontrar a forma de lidar com elas. Ela sente sua própria existência por meio do que alcança e possui. Como resultado disso, cada decepção, cada rejeição, cada fracasso são vividos como um desafio e uma ameaça a sua existência.

Será que somos consumidos pelas experiências da vida? Ou experimentamos a vida conscientemente, com atenção plena e confiança? Será que nossa vida interior depende de condições externas, ou está se tornando livre dessas condições?

A transformação relacionada ao trabalho interior permite que o "eu" exista de forma mais independente, como pura presença ou testemunha. A escravidão aos gostos e desgostos diminui a tal ponto que a nossa sensação de "eu" passa a estar fundamentada no puro Ser e não mais nas coisas. A necessidade de alcançar nossa própria qualidade especial, por exemplo, ou de receber atenção dos outros, passa a ser cada vez menos importante à medida que a presença interior se desenvolve. Essa presença interior se satisfaz por si mesma; permite o desapego, a equanimidade e uma maior objetividade.

A presença nos guia em direção a um sentido saudável de restrição e sacrifício, capacitando-nos a lidar com os nossos apegos, a confrontar nossa própria prisão. Podemos aprender a deslizar para fora das garras do egoísmo, que está baseado no desejo e nos pensamentos por ele gerados. Ao assistirmos de fora ao jogo do desejo, é possível diminuir o poder do ego sobre nosso ser interior.

Finalmente, chegamos a alcançar uma certa invulnerabilidade em relação às coisas exteriores, de modo que já não mais dependemos delas; em vez disso, vivemos dessa presença. Olhar apenas para fora é perder o foco, desviar-se do caminho reto. É sair por aí mendigando satisfação exterior, enquanto ignoramos o tesouro escondido dentro de nós.

Estamos imersos até os joelhos em um rio e ainda assim buscamos água. Somos parte desse rio invisível, mas de tanto nos distrairmos com coisas exteriores e com o que imaginamos que poderiam significar para nós, perdemos contato com a fonte do nosso próprio Ser. Quando estamos presos ao desejo, à forma, às exterioridades, somos puxados para fora de nós mesmos, para dentro de um mundo de fantasias e desejos. Perdemos contato com o rio invisível, as águas da Vida, por meio de nossa identificação com processos internos inconscientes e com demandas exteriores.

Existe uma energia de atenção que, a princípio, temos apenas em quantidades limitadas. A perda dessa energia foi descrita pelo grande poeta e santo Sufi do século treze, Jalal ud-Din Rumi:

Dispersaste tua consciência em todas as direções,

E tuas vaidades não valem um pedaço de repolho.

A raiz de cada espinho

Atrai para si a água da tua atenção.

Como tua água chegará ao fruto?

Corta as raízes maléficas, arranca-as,

Dirige a Graça de Deus ao espírito e à percepção,

Não ao mundo lá fora, partido e emaranhado.

Há uma energia de atenção que precisa ser conservada. Somos capazes de enxergar a nós mesmos jogando fora essa energia? Podemos nos ver gastando-a com desejos e satisfações exteriores, intoxicados pelas demandas aleatórias do ego, respondendo a todas as necessidades de aprovação e validação exterior? Nossa dependência da satisfação e das exigências exteriores nos conduzem a inveja, ressentimento, orgulho, culpa e raiva. Não é essa a idolatria contemporânea?

Quem quer que transforme todas as suas preocupações em um único cuidado, o cuidado de simplesmente estar presente, será aliviado de todas as preocupações por essa presença, que é um reflexo do Espírito. Podemos dar um passo atrás, afastando-nos do mundo da atração, da comparação e da dependência de coisas exteriores, lembrando dessa vitalidade dentro de nós e conectando-nos a ela. Talvez então nos libertemos das nossas compulsões e possamos aprender a agir por meio do Espírito, e não de nossos egos limitados.

Se o nosso único cuidado passar a ser recordar da presença, não desperdiçaremos tanto nossa energia interior.

## EQUILÍBRIO ENTRE O "EU" E O DESAPEGO DO "EU"

Outro aspecto do equilíbrio é entre o "eu" e um desapego do "eu", entre ser uma presença forte e estar livre desse "eu". Um mal entendimento, comum e raso, do processo espiritual consiste em se querer deixar de ser um indivíduo movido pelo ego e ir direto ao estado em que "não se tem um 'eu'". No entanto, descobrir sua própria presença é o início do caminho para tornar-se livre do ego compulsivo e exigente.

A essência do processo espiritual é sustentar a presença – a presença é o nosso Ser essencial. É um espaço a ser preenchido pelas qualidades do Espírito – qualidades tais como amor, generosidade, paciência, coragem, humildade e sabedoria, que são inclusivas, amplas e transcendentes. Já o ego é um espaço amontoado, preenchido por desejos e pensamentos conflitantes.

Às vezes queremos começar o trabalho espiritual, mas estamos cheios demais. Cada palavra, cada movimento e pensamento acabam por invocar algum "eu" artificial, algum papel condicionado ou superficial. Ao entrarmos na presença, entramos no silêncio, na ausência de fala. Abaixamos as nossas armas. O intelecto descansa; os pensamentos se aquietam. Os sentimentos, então, podem também tornar-se tranquilos e vazios.

Nosso trabalho é cruzar um limiar para o vazio e a tranquilidade. É como entrar em um quarto vazio onde há uma grande presença. A aparente vacuidade da simples presença é mais rica do que a experiência abarrotada da personalidade comum. Podemos estar vazios com o Espírito ou cheios de nós mesmos.

Entre as barreiras que encontramos estão nossos pensamentos e emoções, nossa agitação psíquica e mundana e nossa casa de ídolos, que nos mantêm ocupados sem qualquer finalidade. Nossos hábitos e condicionamentos nos deixam intoxicados e opacos. Se aceitarmos as barreiras, seremos incapazes de cruzar o limiar. Para cruzar o limiar dos hábitos e do condicionamento em direção à vacuidade, que é a qualidade receptiva da alma, devemos nos tornar tranquilos e pacientes. Precisamos abrir mão de certos impulsos e ceder, ceder e ceder; é assim que entramos em nosso Ser essencial. Deixamos para trás nossos egos compulsivos, incorporando ao mesmo tempo o "Eu sou" e o nada.

O "eu sou" não é o ser mecânico – a personalidade superficial, que desempenha um papel – que sente sua existência por meio de reações e resistências corriqueiras. Com o tipo correto de atenção e observação, é possível ver a relação entre nossos diferentes pensamentos e sentimentos e como cada um deles invoca algum "eu" imaginário. Em vez disso, podemos aprender a sentir nossa própria existência por meio da recordação e da intenção. Um sentido positivo de "eu" surge por meio da recordação. É a primeira coisa em que podemos *confiar*: nossa própria presença, o "eu sou" que é sagrado.

O aparente conflito entre um forte sentido da nossa própria presença e o desapego pode ser resolvido se compreendermos que a presença nos ajuda a ser mais desapegados. O desprendimento é a própria disposição da alma de fazer sacrifícios no mundo material, assim como no mundo artificial da personalidade. O "eu sou" é desprendido no sentido de que não traz consigo uma ideia especial de si mesmo, não se justifica nem é invejoso, ressentido ou orgulhoso. Como já se sente seguro no Espírito, que é infinitamente misericordioso, pode aceitar a aniquilação daquilo que é falso na personalidade do ego. Quando estamos enraizados na presença, somos capazes de nos libertar das exigências do ego. Se não estamos seguros no vazio da pura presença, nos apegamos a acontecimentos e a coisas, a falsidades e temores. Mas em um estado de presença, livres das coerções do ego, podemos nos tornar autenticamente nós mesmos.

# 6

# O poder de Ser *

Deus fez a não-existência parecer sólida e respeitável;
A Existência, fez aparecer disfarçada de não-existência.
Escondeu o Mar e tornou visível a espuma,
Escondeu o Vento e deixou aparente a poeira.

RUMI, *MATHNAWI V*: 1026-27

*God has made nonexistence appear solid and respectable;
and He has made Existence appear in the guise of nonexistence.
He has hidden the Sea and made the foam visible,
He has concealed the Wind and shown you the dust.*

Há algo que é inexistente, que não pode ser tocado, visto ou sequer pensado, e no entanto esse nada é mais importante do que qualquer outra coisa. É a fonte insondável de todas as qualidades e possibilidades.

Buscamos felicidade, beleza ou prazer em coisas existentes, convencidos de que essas coisas irão nos satisfazer ou trazer-nos estados desejáveis. Esperamos encontrar bem-estar em um carro novo, um novo

---

* Ser (*al-Wujud*) - Se pudermos descrever Deus como "absoluto," então Ser é a primeira diferenciação de Deus, que gera ou permite a criação do mundo. Ser, portanto, contém todas as possibilidades da existência em suas condições perfeitas e não manifestas. No que diz respeito à experiência do ser humano, Ser é um atributo do Divino sem tempo nem lugar, que se satisfaz em si mesmo e por si mesmo, e que pode ser experimentado pela alma consciente. Na linguagem da poesia mística, o Ser é o oceano em oposição à espuma (existência).

lugar para morar ou um novo relacionamento. Mas não se pode esperar que a felicidade produzida por essas coisas dure, e sempre precisaremos encontrar outras coisas a fim de estimular mais estados.

Projetamos para fora, nas coisas do mundo, o que temos dentro de nós, como se elas fossem responsáveis pelos estados que experimentamos. No entanto, todos os estados encontram-se dentro de nós. Quando chegamos verdadeiramente a conhecer a nós mesmos e o que temos dentro, fazendo contato diretamente com nós mesmos, tornamo-nos menos dependentes das coisas. O bem-estar, a beleza e o amor que buscamos do lado de fora na verdade existem dentro de nós. O paradoxo é que, à medida que descobrimos o que está dentro de nós, as coisas exteriores cada vez mais despertam essas qualidades interiores. Passamos a reagir com mais prontidão; apreciamos mais, amamos mais e conhecemos uma sensação maior de bem-estar independente.

Tudo o que parece existir, tanto no mundo físico quanto psicológico, deriva suas qualidades de uma única fonte de Ser. Tudo o que desejamos, tudo o que nos motiva é, na realidade, desprovido de existência própria; todas as coisas recebem suas qualidades e existência dessa única Fonte da Vida. São apenas refletores dessa Essência.

Assim, aquilo que nos atrai no mundo exterior apenas nos põe em contato com o tesouro escondido dentro de nós mesmos. Ao encontrar esse tesouro, somos devolvidos ao Ser que refletimos. Não somos originadores, e sim refletores das infinitas qualidades de Ser.

Há uma unidade fundamental subjacente a toda a existência. A existência é um presente da Misericórdia Divina, do próprio Ser, que permite a todas as coisas existirem e interagirem de forma espetacular. No entanto, todas essas coisas absorvem e monopolizam nossa atenção e cuidado, nos iludem e seduzem. Como parecem ser muitas as coisas que existem, elas despedaçam nosso coração e fragmentam nossa vontade. Se não encontrarmos uma forma de levar conosco a unidade, conheceremos apenas o caos e a confusão.

Paradoxalmente, é preciso ter a habilidade de reservar alguma atenção para o Ser em si mesmo, aquilo que é inexistente no mundo das coisas. Podemos dar atenção a essa dimensão, que permite que todas as coisas existam. Em meio a tudo o que clama por nossa atenção, precisamos nos lembrar, simultaneamente, de um centro que não se encontra em lugar algum e está em toda parte, que é a fonte e a substância de tudo o que parece existir, e que tem um ponto de contato acessível para nós. Dentro do coração de cada ser humano há um ponto de contato com a dimensão imensurável fora de todas as coisas existentes. Deus, o Absoluto, não é mais uma coisa existente entre as coisas existentes, e sim a dimensão que torna possíveis todas as existências e da qual elas derivam seu Ser. É por isso que se diz que Deus está mais próximo de nós do que nossa veia jugular.

O caminho reto e estreito é um caminho de meticulosa recordação do Ser. Qualquer caminho que não reconheça e enfatize a todo momento a necessidade de consciência do Ser é insuficiente para uma presença que seja independente de predisposições, conceitos limitantes, comparações, reatividade e sentimentalidade. Pois a qualquer momento podemos descobrir que nossa atenção e presença estão absorvidas em algum acontecimento ou coisa secundária. Se esquecermos dessa fonte de Ser, podemos acabar por esquecer de nós mesmos. O que perdemos, pode-se perguntar, se nos permitirmos ser absorvidos pelas coisas, sentimentos e pensamentos, por toda essa excitação?

Sem o Ser, toda a nossa atividade torna-se caótica, deficiente, sem propósito, desperdiçada. Qualquer ato que não tenha a fragrância do Ser se perde. O Ser é a integridade de todas as coisas; é como uma energia refinada que tem o poder de organizar energias mais brutas. O Ser é mais energizado do que qualquer atividade ou função, e é maior do que a vida. É o reservatório das possibilidades, a energia criativa que impulsiona nossas ações. Nenhum esforço, atividade, atração ou satisfação em si mesma é o Ser. O Ser nos chama a partir de outra direção, do reino do potencial que está além da nossa consciência.

O Ser é o âmbito da qualidade. Qualquer coisa que se faça com o Ser incorpora qualidades e atributos com mais pureza e intensidade. Podemos trazer qualidade para os detalhes da vida se nos lembrarmos de ser e agir com precisão. Se pudermos conscientemente *estar* naquele ponto em que a força horizontal da escolha ativa encontra a força vertical do Ser, um certo "algo", maior do que a vida, é ativado. Esse "algo" pode ser sentido em qualquer coisa produzida pelas mãos e pelo coração de um ser humano consciente – em obras de arte, em um jardim bem cuidado, na comida preparada com amor.

"Ainda que possuas duzentas existências, torna-te não existente no Seu Ser – é certo tornar-se não existente para esse Ser", escreve Rumi em Divani Shamsi Tabriz. Acordar para o Ser requer o esvaziamento de si mesmo. Mas esse esvaziar permite uma nova qualidade de relacionamento e uma transformação alquímica de energias.

Um mestre de dança Balinesa certa vez expressou a ideia de que o dançarino deve conscientemente ver a si mesmo como um canal entre o mundo de dentro e o mundo de fora. Se o ego entrar no meio, essa canalização é reduzida. Ele descreveu uma bola de energia que se cria entre os artistas e seu público. Os artistas conscientemente manipulam e expandem essa força energética, usando a atenção que lhes é dada pelo público, que eles controlam. Ao ser um canal puro, e por meio da sua habilidade de lidar com o público, os artistas movem a energia para frente e para trás. Na arte sagrada, a performance não é uma forma de gratificação do ego, mas um oferecimento ao Divino. O que se oferece é a atenção de todos e, no entanto, todos são elevados nessa alquimia sagrada e sentem uma mudança de consciência por meio dessa qualidade de performance e da atenção oferecida. O oferecimento ao Divino é retribuído.

Todos os relacionamentos podem ter essa qualidade, se nos oferecermos com vontade, se aceitarmos que somos canais, se aceitarmos estar vazios e conscientes. Isso é carisma, ou a habilidade de pôr em ação os atributos divinos do coração.

O Ser Único, em sua generosidade e compaixão ilimitadas, inicia em nós a recordação e começa o processo de transformação por meio do qual somos guiados à maturidade espiritual. Esse oferecimento do Ser para nós é a Misericórdia. Essa *qualidade de Ser*, essa Misericórdia – seja como for que a chamemos – nos precede ontologicamente. Somos nós que surgimos dela, não ela de nós. Ou, como se diz: o amor de Deus por nós precedeu nosso amor por Ele. Assim como somos servos do Espírito, o Espírito é nosso servo quando estabelecemos uma conexão com ele. Essa conexão se dá por meio da presença, que é uma receptividade às energias da possibilidade.

*Quando nosso shaikh, Suleyman Dede, veio da Turquia para o Aeroporto Nacional de Washington, aconteceu uma coisa pouco comum. Dede era um homem pequeno e estava vestido com um terno impecável, como os homens do Leste do Mediterrâneo e da Anatólia costumavam vestir-se nas décadas passadas. Não havia quase nada em sua aparência exterior que o fizesse se destacar; no entanto o aeroporto inteiro ficou praticamente silenciado pela sua presença ao atravessá-lo. Em um saguão onde ele e sua mulher tiveram que esperar por um tempo, com seus dois guias americanos e os tradutores, pessoas desconhecidas se aproximaram dele e começaram a contar-lhe sobre suas vidas, ou perguntar-lhe coisas importantes.*

*Certa vez, quando Dede nos trouxe para "conhecer" Mevlana no Konya Dergah, que agora é um museu, as pessoas – em sua maioria turcos de pequenos vilarejos – começaram a se reunir em torno dele, até que um grande número de pessoas se deslocava da tumba do Mevlana para o pátio que dava para o jardim das rosas. Assim é o poder e a atração do Ser.*

# 7
## Atenção voluntária

Se teu pensamento é uma rosa,
és um roseiral;
se é um espinho,
és lenha para o forno da sauna.
RUMI, *MATHNAWI II*: 278

*If your thought is a rose,*
*you are a rose garden;*
*if it is a thorn,*
*you are fuel for the bath stove.*

Por que estudar a atenção? Qual é a faculdade da atenção? Quase se poderia dizer que um ser humano *é* aquilo sobre o que focaliza sua atenção, seja lá o que for. Como nos mostra a passagem acima, aquilo que ocupa nossa atenção – quer interna ou externamente, quer profunda ou trivialmente – é isto o que somos naquele momento. Portanto, se estamos atentos apenas ao mundo exterior, descuidamos da nossa própria vida interior. Por outro lado, se estivermos excessivamente introvertidos, nos desligamos das impressões do mundo exterior que poderiam nos enriquecer e avivar. Se nos dedicamos apenas ao mundo material, sacrificamos o espiritual. Se pensarmos que podemos focar apenas no espiritual, nos perdemos em um mundo de sonhos que nunca se conectam à

Realidade. Não precisamos apenas de atenção; precisamos também de equilíbrio – equilíbrio entre o estreito e o amplo, o exterior e o interior, o material e o espiritual. No fim, a atenção é essa capacidade da consciência humana que ajusta a abertura da percepção, ora focalizando no que está próximo, ora no que está distante; ora nos detalhes, ora num plano mais aberto.

A vida exige tanto de nós que não podemos ficar sem nossa atenção inteira e flexível. E com mais frequência do que pensamos, ocorrem momentos que influenciam diretamente na qualidade das nossas vidas. São momentos de escolha que nunca voltarão a se repetir. São momentos de serviço, porque outras pessoas necessitam da nossa presença e atenção; momentos de compreensão, em um mundo onde há muita falta de compreensão. Mas para que a atenção seja plenamente realizada, é preciso que seja um instrumento de presença.

O estudo da atenção é também um estudo do ego e do Ser essencial. Um dos atributos do ego é que ele possui pouca atenção própria; em vez disso, sua atenção é capturada e compelida por aquilo de que gosta ou desgosta. Já o ser desperto é capaz de dirigir e sustentar a atenção.

Observe quanto da nossa atenção é absorvida pelo mundo da atração, pelo conflito entre gostar e desgostar. A atenção vagueia livre e inconscientemente até deparar-se com algo que a atrai ou repele; neste momento é capturada. Se estivéssemos mais presentes, perceberíamos como e quando nossa atenção é capturada – poderíamos, talvez, ser capazes de voltar a libertá-la. É fascinante perceber o que compele nossa atenção e por quê; conforme fazemos isso, enfraquecemos a tirania do ego e começamos a criar um observador imparcial. Esse observador, livre da identificação com o falso ser, sustenta-se por meio da presença. Esta é uma maneira pela qual a alma se desenvolve.

Observando nosso mundo interior, começamos a perceber o quão "adormecidos" estamos, como a identificação muitas vezes opera na forma da absorção inconsciente e involuntária de nossa atenção em processos internos e externos. Dizemos a nós mesmos que seremos pacientes, gentis ou generosos; mas no momento seguinte nos esquecemos disso pois algum desejo ou frustração nos capturou de tal maneira que perdemos nossa atenção observadora e já estamos descontrolados, exatamente no estado que pretendíamos evitar. Perdemo-nos por meio da identificação.

Como pode ser difícil simplesmente *prestar atenção*. No momento em que percebemos algo, nossa atenção é capturada; não há esforço. O esforço começa quando tentamos *sustentar* a atenção. Somos capazes de nos conduzir a um estado de atenção, mas não conseguimos evitar que esse estado se dissolva. Se formos honestos, devemos admitir que nossa capacidade de atenção voluntária é bem reduzida.

Sob as condições temporais em que a mente humana costuma funcionar, a atenção é frágil e, muitas vezes, dispersa. Quando estamos realmente reunidos no centro do nosso próprio Ser, parece surgir uma maior capacidade de atenção. É como se a verdadeira fonte da atenção estivesse fora do tempo, e quando estamos internamente reunidos e centrados, a atenção parece estar mais sob nosso comando.

Quando nos sentimos centrados, as energias superiores de nossa psique são capazes de organizar as energias inferiores e emprestar-lhes uma coerência que normalmente lhes falta. Ao mesmo tempo, no entanto, as energias inferiores (gostar e desgostar, todos os impactos do ambiente e do condicionamento) são capazes de desorganizar as energias superiores e introduzir nelas algo da incoerência dos níveis inferiores. Desse confronto entre o ser elevado e as distrações inferiores surge o esforço por manter nossa atenção em algo.

Nos primeiros anos de meu treinamento espiritual, costumava desempenhar trabalhos físicos com consciência, em grupo, com um mestre – construir paredes de pedra, limpar um jardim, cozinhar uma refeição. Ao fim do dia de trabalho consciente, meu mestre dizia "Talvez agora você tenha um pouco de atenção livre". Horas e horas de atividade paciente, sem identificação, pareciam gerar uma energia mais fina, que pudesse de fato sustentar a atenção livre.

Esse mundo é regido por pessoas que capturam a atenção umas das outras. A menos que desenvolvamos alguma capacidade de atenção livre, seremos presas daqueles que buscam monopolizar nossa atenção nos campos políticos e econômicos. O tempo de duração da atenção humana parece estar diminuindo. De acordo com o Centro Nacional de Informação Biotecnológica, o tempo de atenção da pessoa média em 2000 era de doze segundos. Em 2013, era um terço a menos: oito segundos, menor do que a de um peixe-dourado!

Tornamo-nos cada vez mais sugestionáveis e, portanto, controláveis – com exceção daqueles que desenvolvem o Ser, que despertam sua capacidade de atenção voluntária e são capazes de resistir aos impactos e sugestões aleatórios do arrastão da cultura de massa e, possivelmente, ao próprio estado.

## ATENÇÃO LIVRE

A atenção livre é um poder da mente que ilumina o que quer que encontre. Bem no centro do nosso Ser há um poder de atenção que pode ser despertado. Este poder se desenvolve quando a alma começa a entregar-se por meio de sua atenção. No começo, pode exigir um grande esforço sistemático para se desenvolver; até que, enfim, chega a se tornar uma forma natural de ser.

Precisamos considerar a possibilidade de uma atenção voluntária na qual nós tomamos a iniciativa. A atenção voluntária é um estado de ser que não é completamente determinado por nossas reações aos estímulos externos. Se não somos capazes de distinguir a atenção voluntária da involuntária, vivemos em um mundo de sonhos. O trabalho com a atenção faz parte do trabalho sobre si mesmo. "Agir a partir de si mesmo" é a medida da verdadeira vontade.

Atenção voluntária

Sabemos como nossa atenção se perde quando estamos meramente identificados com um estado passageiro, com uma reação momentânea. Mas também pode haver momentos em que decidimos nos *identificar conscientemente* com algo. Desenvolver o poder da atenção não significa necessariamente viver a vida como um observador. Podemos escolher nos identificar com um sentimento de amor ou felicidade, e até mesmo assumir um papel – ser um amante ou um pai, ser um servo ou protetor, ou mesmo entrar num jogo de faz de conta com uma criança, brincando de ser um cavalo, por exemplo. Essa identificação intencional consciente pode ter um valor positivo em nossas vidas, mas esse valor consiste precisamente no fato de ser consciente e voluntário, e de fluir a partir do poder de ser que há dentro de nós.

A vida pode ser um campo de treino para a atenção. É nossa responsabilidade usar as nossas condições diárias como oportunidade para o desenvolvimento da atenção. Podemos aprender a desenvolvê-la em pelo menos quatro sentidos: exterior e interior, estreito e amplo.

Um começo é ter atenção às sensações do nosso próprio organismo físico, pois a sensação é a interface entre o exterior e o interior, o material e o psicológico. Podemos sustentar um sentido de nossa presença física por meio da consciência das impressões sensoriais: audição, tato, olfato e o sentido da nossa própria corporeidade, especialmente da respiração.

É possível perceber como nossa atenção se move entre o mundo exterior e nosso mundo interior. O mundo exterior é a fonte de todo tipo de impressões que podemos receber de forma mais consciente. Quanto mais conscientemente recebemos essas informações, mais seremos vivificados por elas, pois são uma espécie de alimento para o sistema nervoso e podem ser melhor digeridas com as "enzimas" da percepção consciente.

O mundo interior inclui pensamentos, emoções e impressões psíquicas mais sutis. Por meio da presença podemos superar nossa identificação inconsciente com esses processos e conhecer a nós mesmos como somos, evitando ser vítima dos nossos próprios processos inconscientes. Assim como é possível liberar tensões físicas por meio da nossa consciência do corpo e de nossa postura, podemos também liberar tensões emocionais ao reconhecê-las. Assim como ocorre com as tensões físicas, nossas tensões emocionais também têm maior poder sobre nós quanto mais inconscientes formos delas. Trazer nossa atenção plenamente, de forma voluntária, para as contrações e bloqueios emocionais tem um poder transformador. O valor da técnica psicológica atual conhecida como "focalizar" baseia-se no poder autocurativo da atenção voluntária, à medida que esta se relaciona – a princípio de forma não verbal – com um "sentido" do nosso próprio estado psicológico. Por meio dessa atenção sustentada, livre de julgamentos, podem gradativamente surgir compreensões acerca de nossa própria condição, e é isso que nos leva a alcançar a cura, ou ao menos algum grau de transformação.

Na verdade, a efetividade de qualquer psicoterapia, independente das crenças e modelos do terapeuta, depende em grande medida da qualidade de atenção terapêutica que se realiza entre o terapeuta e seu paciente. A contribuição mais importante da terapia pode ser a de ensinar ao paciente como atentar para os seus estados e processos interiores.

O significado mais profundo da presença, essa autoconsciência abrangente que envolve o pensar, o sentir e a consciência corporal, é que ela permite uma atenção de mão dupla que é a essência das relações e da comunicação; podemos estar simultaneamente conscientes do nosso estado interior e do estado do outro.

Às vezes ficamos tão completamente identificados com nossos próprios sentimentos que não somos capazes de estar em uma relação. Outras vezes, nos perdemos no estado de outra pessoa – especialmente quando se trata de um estado negativo – e somos incapazes de nos separar do problema o suficiente para lidar com ele com objetividade. Nos relacionamentos, esse monitoramento da atenção externa e interna

Atenção voluntária

ajuda-nos a ser mais sensíveis aos outros e, ao mesmo tempo, mais conscientes dos nossos próprios sentimentos.

Também podemos estar atentos a um foco amplo ou estreito; conforme seja apropriado para as necessidades do momento, é possível abrir nossa visão ou limitar o foco. Que alegria é ampliar a abertura da consciência, abrindo-se para um sentido de presença panorâmico, de modo a poder caminhar em meio à natureza com uma sensação ampla de estar ali! Que prazer é também, por outro lado, focalizar em um detalhe que escolhemos. Essa é a alegria de se estar inteiramente consciente, de assumir a responsabilidade pela capacidade da nossa própria atenção.

Aos poucos, aprendemos a sustentar um foco com firmeza e continuidade, com paciência e interesse. Deveríamos ser capazes de construir uma imagem intencional ou manter um estado de receptividade; essa observação se estabiliza por meio da presença interior. A presença interior estável torna-se então uma fonte e uma base para a própria atenção.

Nós energizamos aquilo para o qual escolhemos dar nossa atenção. Assim, devemos aceitar certas impressões e não nos determos sobre outras. Quanto mais consciente pudermos tornar esse processo, menos energia destinaremos às coisas que entram em conflito com o nosso bem-estar e nossos valores. A atenção se desenvolve, portanto, como a guardiã da entrada para todas as nossas impressões.

Aprendemos a não deixar a mente vagar para muito longe do Ser essencial, mesmo quando estamos abertos a coisas exteriores. Trabalhamos cada vez mais com a intenção de manter nossa atenção no próprio Ser. Podemos aprender a invocar uma atenção muito refinada, a fim de manter uma consciência das verdades mais profundas, mesmo nas circunstâncias corriqueiras da vida. Isso só pode ser feito se nossa atenção não for facilmente captada e distraída. Conforme começamos a desenvolver uma atenção independente, capaz de olhar ao mesmo tempo para dentro e para fora, começamos a adquirir a presença, fator que possibilita todo o trabalho espiritual.

O treinamento da atenção é uma parte necessária do nosso treinamento espiritual. É um fator essencial para a mente se espiritualizar, para o desenvolvimento da alma. Finalmente, sob o poder da alma, a atenção pode tornar-se luminosa e criativa. Conforme damos conscientemente nossa atenção para os outros – em serviço e em atos criativos – estamos também dando nossa alma; é assim que a alma cresce.

*Lembro-me de dias de trabalho árduo em uma escola espiritual, onde éramos estimulados a manter uma atenção equilibrada, nas mais variadas situações. Certa vez, me foi dada a tarefa de escovar um cavalo. Dos cascos para cima, da crina ao rabo, trabalhei durante horas. Então veio o mestre e, depois de uma breve inspeção, disse "Trabalho muito ruim, superficial e desleixado". Eu e ele observamos o meu coração se apertando. Mas aí algo ressoou em mim: eu sabia que havia feito o melhor possível; sabia que não podia ser um escravo do elogio ou da acusação. Naquele momento vi os olhos do mestre brilharem, conforme ele se virava para ir embora.*

# 8
# Meditação:
# o refinamento da atenção

Neste mundo te tornaste rico e bem vestido
mas quando saíres deste mundo, como estarás?
Aprende um ofício com o qual conquistarás o perdão.
No mundo mais além também há tráfico e comércio.
Para além dessas conquistas, este mundo não passa de uma brincadeira.
Como as crianças que se abraçam em um namoro de faz de conta,
ou montam uma loja de doces, este mundo é um jogo.
Vem a noite, e a criança
volta para casa com fome, sem seus amigos.

RUMI, *MATHNAWI II*: 2593-99

*In this world you have become clothed and rich,*
*but when you come out of this world, how will you be?*
*Learn a trade that will earn you forgiveness.*
*In the world beyond there's also traffic and trade.*
*Beside those earnings, this world is just play.*
*As children embrace in fantasy intercourse,*
*or set up a candy shop, this world is a game.*
*Night falls, and the child*
*comes home hungry, without his friends.*

O condicionamento religioso da minha juventude criou para mim a imagem de um universo que se dividia entre céu e inferno, entre a redenção

e a condenação. O céu era o destino dos virtuosos, especialmente daqueles que foram salvos pela crença nas doutrinas da Igreja. Mais tarde tive certas experiências que me mostraram níveis mais profundos da realidade e da mente, e esse condicionamento perdeu seu poder sobre mim. Não podia mais levá-lo a sério, pois já não correspondia aos níveis de realidade que conhecera; experimentei um Amor e um sentido cósmicos, mas não encontrei as nuvens do céu nem os portões do inferno. Havia um inferno que criava a si mesmo – as ilusões construídas por nossos desejos habituais e padrões de pensamento falso – e uma realidade subjacente, fundamental, que dava uma sensação de completude e beneficência. Comecei então a buscar uma explicação que fizesse sentido.

A imagem um tanto quanto ingênua que começou a formar-se em minha mente foi a do ser iluminado, livre de ilusões e desejos. O meio para se chegar a isso seria a meditação, a prática de esvaziar a mente de desejos e pensamentos até que a realidade pudesse brilhar em todo seu esplendor, e a pessoa então se tornaria iluminada. A melhor maneira de realizar isso seria afastando-se do mundo, de preferência sob circunstâncias programadas para ajudar nesse processo de esvaziamento – em um *ashram*, um *Zendo* ou uma caverna. Pensava que a conquista espiritual mais elevada, a realização máxima das nossas possibilidades humanas, fosse essa libertação do sofrimento que ocupa tão completamente toda a humanidade.

Enquanto isso, vivia ocupado em atender às minhas próprias necessidades materiais e emocionais com trabalhos, relacionamentos e diversão. Quando encontrei pela primeira vez os ensinamentos do Quarto Caminho, por meio de um grupo que vivia esses ensinamentos, em vez de simplesmente ler a respeito deles, percebi que havia encontrado uma ponte entre aquele ideal elevado de libertação e os fatos da minha vida cotidiana no mundo.

O Quarto Caminho é um termo apresentado por G.I. Gurdjieff para descrever o caminho espiritual de alguém que vive e trabalha na sociedade, ao contrário do caminho do asceta, do monge e do iogue,

Meditação: o refinamento da atenção

que tradicionalmente separam-se da vida comum. Cada vez mais, no Ocidente, pessoas comuns e leigas estão assumindo as práticas espirituais que costumavam antigamente ser o domínio de especialistas. O Quarto Caminho, no entanto, tem sido o caminho primordial no mundo islâmico há catorze séculos.

A imagem desenvolvida dentro do Quarto Caminho é conhecida pelo termo "homem consciente", que está no mundo mas não é do mundo; que vive sua vida de forma prática mas sem identificação, e que "recorda" a si mesmo sempre e em todo lugar. Por meio do trabalho sobre si mesmo, esse homem consciente desperta em meio à vida e assim liberta-se do "terror" da situação, a mecanicidade inconsciente na qual a maioria dos seres humanos vivem suas vidas. É capaz que isto soe elitista, e às vezes pode ser, mas foi o que me deu um ponto de partida que eu conseguia levar a sério. Não precisava abrir mão de todos os desejos e pensamentos, mas sim me libertar da minha identificação com eles; estaria então em contato com as capacidades mais elevadas, até ali obscurecidas por essas identificações.

Depois de alguns anos entregando-me a esses ensinamentos, senti que havia desenvolvido um certo grau de atenção e presença, mas percebi que recordar a mim mesmo não garantia necessariamente que minhas relações seriam saudáveis, ou que as qualidades que respeitava como ser humano – bondade amorosa, generosidade, perdão, integridade – se desenvolveriam. Pelo contrário, percebi em mim mesmo uma tendência para a amoralidade e a indiferença.

O sufismo foi o antídoto que encontrei para começar a ser curado da preocupação comigo mesmo, que havia desenvolvido a fim de tornar-me um homem consciente. O sufismo dizia, "Você é a criação do Amor e seu propósito na vida é conhecer as verdadeiras dimensões e a beleza desse Amor. Permita dissolver-se nesse Amor, mas amarre o seu camelo, sirva seu hóspede, cozinhe suas refeições, trabalhe e lucre com o seu trabalho". O sufismo parecia ser uma integração da libertação dos pensamentos e desejos do falso ser, por um lado, com o serviço e a praticidade, por outro lado. De algumas formas, devolveu a mim uma apreciação de quão reais eram as virtudes e o pecado. O pecado era a separação do Uno, um estado em que havia um véu entre nós e o Real. Assim como a virtude criava o céu, o pecado criava o inferno, embora esses estados estivessem presentes no aqui e agora, assim como no mais além.

Ao longo de toda essa minha jornada, a meditação – focalizar a atenção em níveis mais sutis do Ser – tem sido uma constante. Não se trata do melhor passatempo nem da única ferramenta para o desenvolvimento, mas merece um claro reconhecimento como princípio primordial da vida espiritual.

O que caracteriza o ser humano é um dom de percepção consciente, que nos oferece a possibilidade da verdadeira vontade e criatividade, assim como a oportunidade de conhecer a fonte dessa percepção, o Espírito do qual ela emana. Porém, normalmente, a percepção consciente é absorvida pela experiência e incorporada nas estruturas da percepção, que são as nossas ideias sobre quem somos. Esta é a vida como a maioria das pessoas a conhece: a identificação completa da sua percepção com todos os eventos e experiências subjetivas que a vida na terra oferece. Essa consciência também é identificada com uma autoconstrução, um ser falso, normalmente chamado de ego, governado por desejos e condicionamentos contraditórios.

Embora muitos em nossa sociedade tenham experimentado libertar-se da identificação, poucos são os que valorizam essa percepção consciente suficientemente a fim de fazer os esforços necessários para despertá-la nas condições da vida cotidiana. Quando realmente se valoriza ir além dessa identificação da consciência com a experiência, isso representa uma enorme transformação, ainda que um grande número de pessoas tenha vivido essa transformação nas últimas décadas. Isso faz com que avaliem suas vidas de forma diferente – observando seus pensamentos, sentimentos e ações, e vendo os resultados com uma nova

Meditação: o refinamento da atenção

67

objetividade. A pessoa percebe o grau de sofrimento inconsciente que a vida comum representa e começa a assumir uma nova atitude, considerando a recordação ou atenção. Assim, as expectativas que se tem sobre a vida mudam: a realização passa a vir menos das satisfações materiais ou do ego, e mais da transformação da percepção por meio da consciência. Certas formas de comportamento inconsciente nos custam caro demais, em termos da nossa habilidade de fazer um esforço de consciência, então são deixadas para trás.

## UMA ABORDAGEM SIMPLES DA MEDITAÇÃO

A melhor maneira de aproximar-se da meditação é com um professor experiente, um meditador maduro com quem a pessoa encontre ressonância; no entanto, algum conhecimento básico pode ser oferecido com bom proveito em um livro como este. Até mesmo os meditadores mais avançados muitas vezes se beneficiam ao serem lembrados da simplicidade da meditação em si.

A forma mais simples de meditação requer duas coisas: um corpo parado e relaxado, e um objeto sobre o qual focalizar sua atenção. Existem muitas posturas tradicionais para a meditação. Encontrei a maior facilidade e estabilidade sentado em uma cadeira, com a coluna reta e as palmas das mãos apoiadas nos joelhos. O foco de atenção que descobri ser o mais útil para os principiantes é a consciência da respiração combinada a um foco mental: "Eu", como um sentimento no coração a cada inalação, e "sou", como uma sensação da presença física como um todo na exalação. Deve-se compreender que não se trata do "eu" do ego como o conhecemos normalmente, mas um sentido de "eu" que está enraizado no coração, um sentido de "eu sem eu".

Conforme se mantém a atenção neste processo, a respiração torna-se mais calma e o diálogo interno começa a se aquietar. A partir dessa posição, tranquilamente em alerta, é possível visualizar o fluxo de consciência. A consciência que na vida normal está focada para fora acostuma-se a um foco voltado para dentro. Esse foco, no entanto, é menos no conteúdo do que no processo de atividade da mente. A consciência começou então a separar-se de sua identificação com o conteúdo, tanto da experiência exterior quanto interior.

Em grande parte da nossa vida comum, nos ocupamos em interpretar a experiência e construir significados. Em outras palavras, em vez de simplesmente experimentar o que está acontecendo, contamos para nós mesmos histórias sobre o que tudo isso significa. Nossas percepções também são influenciadas por expectativas, opiniões, desejos e muitos outros fatores. Durante a meditação usamos mais energia para sustentar o processo de ver e muito pouca para a interpretação e para construir significados. O efeito em rede desse tipo de prática de meditação é que reduzimos nossa reatividade e aumentamos nossa capacidade de sustentar a consciência pura.

Em um estágio mais avançado de meditação, o foco da consciência torna-se mais sutil. Em vez de focalizar na respiração, em um som ou uma ideia, a consciência volta-se para o próprio Ser. Em vez de focalizar o que está mudando, foca-se naquilo que não muda, na "existência" subjacente. Esse substrato de consciência vai se tornando cada vez mais familiar. É como se, em vez dos conteúdos do espelho, nos tornássemos conscientes do próprio espelho.

A vida cotidiana passa a ser vista cada vez mais como um reflexo no espelho – como real e irreal, contra o pano de fundo dessa Realidade subjacente que não muda. A meditação nesse nível é experimentada como um desapegar-se e também como uma firme concentração. Conforme o objeto da consciência torna-se mais sutil, o mesmo acontece com o esforço da consciência.

A consciência vai em direção a tudo o que surge à sua frente. A meditação é cada vez mais transportada para os eventos psicológicos brutos da vida diária. Nesse estágio, algumas das nossas compulsões são reorganizadas e podem então ser eliminadas. Os hábitos compulsivos do pensamento – muitos deles baseados em medo, desejo, carência e egocentrismo – começam a perder seu poder. A identidade que estava enraizada nessas compulsões começa a se desfazer e surge uma nova qualidade de "eu", baseada na simples consciência não reativa. Um ser diferente, menos egoísta, começa a ser experimentado.

Livre dos nossos pensamentos, expectativas, opiniões, desejos e medos habituais, a consciência é capaz de receber impressões mais profundas. Novos significados começam a fluir para a consciência a partir da mente. A experiência extrassensorial pode aumentar. Quer estejamos ou não cientes disso, tornamo-nos mais sensíveis aos pensamentos e emoções dos outros. Podemos ser capazes de responder aos outros de modo mais sábio e sensível, pois estamos menos dominados por nossos padrões habituais de pensamento e sentimento. Nesse estágio, somos inundados de significados ricos e a vida pode assumir uma nova profundidade.

Não há um limite para o refinamento que se pode alcançar. A pessoa cada vez mais começa a perceber de modo qualitativo. A verdadeira Realidade, que estamos nos preparando para apreender e que é tudo o que é, possui certas qualidades como paz, compaixão, criatividade, vitalidade, generosidade, glória, sutileza, sabedoria, beleza e unidade.

Por meio desse refinamento mais profundo da atenção e de um foco cada vez mais sutil, a falsa identidade colapsa. Os suportes dos quais ela dependia foram removidos, e o ser começa a sentir-se como um ponto de vista singular do Todo, um refletor da consciência cósmica.

# 9

# A tirania do falso ser

Salva-nos do que nossas mãos podem fazer;
Levanta o véu, mas não o rasgues.
Salva-nos do ego; sua faca alcançou os nossos ossos.
Quem, senão Tu, quebrará essas correntes?
Deixa que nos voltemos de nós mesmos para Ti
que está mais próximo de nós do que nós mesmos.
Mesmo essa oração é um presente Teu para nós.
Como, senão assim, teria crescido um jardim de rosas dessas cinzas?
RUMI, *MATHNAWI II*: 2443-49

*Save us from what our own hands might do;*
*lift the veil, but do not tear it.*
*Save us from the ego; its knife has reached our bones.*
*Who but You will break these chains?*
*Let us turn from ourselves to You*
*Who are nearer to us than ourselves.*
*Even this prayer is Your gift to us.*
*How else has a rose garden grown from these ashes?*

Antes que seja possível compreender o significado de uma vida espiritual,
precisamos olhar para os condicionamentos psicológicos que caracteri-
zam nossa vida interior. Um ensinamento espiritual é, até certo ponto,
uma crítica da personalidade e do condicionamento social convencional.
Desafia a visão convencional da personalidade humana. O seu chamado

chega a nós desde outro nível – o nível verdadeiramente humano – pedindo-nos para transcender nosso medo, limitação, julgamento, inveja, ressentimento e falso orgulho. O caminho espiritual oferece levar-nos além da síndrome de estímulo-resposta, além do comportamento agressivo-defensivo, além do sono do condicionamento e da escravidão do ego. Oferece-nos uma visão muito elevada do que é um ser humano.

O falso ser não sabe que está adormecido; portanto, qual pode ser o seu interesse por despertar? O falso ser é formado por nossos medos e defesas, gostos e desgostos, expectativas, opiniões, atitudes e preocupações, e nós o consideramos como se fosse nós mesmos. Podemos chamá-lo de ser compulsivo ou defensivo; ele deseja qualquer coisa que apoie suas ilusões, e odeia e teme qualquer coisa que as ameace.

Nós, que nascemos nesses tempos, estamos diante de condições que dificultam a busca pela verdade: sistemas de crença que trazem consigo a culpa e o medo, tabus culturais e religiosos, clichês de pseudoespiritualidade e psicologia popular, e uma confusão de conceitos irrelevantes. Muitas de nossas suposições e modos de pensar podem ter que passar pelo fogo de um exame rigoroso. Temos sistemas de crença que carregam consigo culpa e medo desnecessários, e tabus culturais e religiosos que muitas vezes estão em desarmonia com a natureza humana. A ideia de que há um Deus que existe para distribuir castigo aos pecadores causou mais alienação do que virtudes. A noção de que o sexo é algo sujo prejudicou relacionamentos que de outra forma poderiam ser saudáveis e felizes.

Além disso, precisamos tomar cuidado com os clichês da pseudoespiritualidade que se fazem passar por sabedoria e com os elementos da psicologia popular que apenas afagam e satisfazem o falso ser. Alguns desses são uma reação contra o peso excessivo da culpa que nos foi imposta por muitas religiões. Outros são conceitos superficiais e clichês espirituais que acabam por ser moralmente prejudiciais: que o bem e o mal só existem em nossa mente, ou que qualquer coisa que uma pessoa faça está perfeitamente correta para essa pessoa, que existe pouca ou nenhuma moralidade objetiva, ou que a única coisa que podemos saber é que não sabemos de nada.

Deparamo-nos com uma confusão de conceitos irrelevantes remendados, pedaços de sabedoria que se pegou emprestado daqueles que pretendiam saber. No entanto, nesse tempo há necessidades específicas que precisam ser levadas em conta, tornando a transformação do ego ainda mais complicada e sensível.

O que poderia ser um remédio para o egoísmo humano generalizado possivelmente acaba apenas por aumentar a doença, a menos que a pessoa compreenda que a negação compulsiva e movida pela culpa da sua própria individualidade é bem diferente de uma transcendência saudável do ser. Aquela é inconsciente; esta só é possível quando a pessoa chega a compreender suas necessidades essenciais, e que a satisfação dessas necessidades não é necessariamente a mesma coisa que a gratificação do ego.

Nossa cultura experimentou uma praga de vitimização da infância, que apenas recentemente começou a vir à tona na consciência coletiva. Uma porcentagem significativa de nós foi criada em famílias disfuncionais que ignoravam a necessidade fundamental da criança de vivenciar um ambiente de amor, apoio e confiança. Talvez os dois principais fatores que tenham contribuído para a vitimização e o abuso da infância tenham sido o alcoolismo (e outras adições) e a patologia sexual da nossa cultura.

Dizer que o ser não tem limites poderia ser mal compreendido por alguém que teve seus limites violados em famílias disfuncionais e incestuosas. A questão não é que a pessoa não tem limites e, portanto, está sem defesa e vulnerável a qualquer coisa. Pelo contrário, trata-se de que a individualidade da pessoa pode estar tão centrada no Espírito que se torna uma presença sutil, expansiva e curativa.

O alcoolismo e outras adições privaram muitas crianças de ter suas necessidades atendidas e forçou-as a serem os cuidadores anestesiados de seus próprios pais. Nesse processo, muitas pessoas esqueceram de si mesmas antes de se encontrarem. É prematuro falar de transcendência antes que a pessoa tenha um ego viável.

Mulheres que aprenderam a negar suas próprias necessidades em nome das necessidades de sua família ou em deferência aos homens serão sensíveis à sugestão de que devem olhar além de suas próprias necessidades e desejos, ou de que o serviço é a expressão natural da alma.

Nossas atitudes sexuais predominantes são ao mesmo tempo promíscuas e puritanas. Transmitimos imagens sexuais em todas as direções, sancionando o sexo e intensificando seu poder sobre nós, mas nunca reconhecemos seu lugar apropriado nas relações humanas. Ao mesmo tempo, vemos a sexualidade como algo sujo e pecaminoso. Uma vez que se estabelece a conexão entre o sexo e o mal, a sexualidade passa a estar associada a outras formas de mal – manipulação egoísta, excesso de luxúria e até abuso físico. Porque nos esquecemos da regra de ouro da sexualidade – que se trata da fusão dos semelhantes –, a vemos meramente como uma forma de gratificar um desejo, independente das consequências que isso possa ter sobre a outra pessoa. Este é o processo que acaba levando à possibilidade de pais usarem seus filhos como objetos sexuais. Pessoas que tiveram seus limites pessoais violados dessa maneira precisam ser curadas. Felizmente, o Ser essencial de um ser humano não pode ser permanentemente danificado; por mais que seja forçado a se encolher ou se esconder, permanece essencialmente ileso e preservado.

Se uma pessoa tem uma história desse tipo de vitimização, no entanto, existe a possibilidade de uma má compreensão da transformação do ego. Um perigo é que esta pessoa se esforce muito em disciplinas espirituais como forma de evitar ou enterrar uma dor mais profunda. No entanto, em algum momento ele ou ela se darão conta de que o caminho espiritual precisa trazer tudo à luz.

Outra complicação possível é que tais pessoas fiquem tão feridas em sua autoestima que acabam por ficar presas em uma busca perpétua pelo mero conforto e pela confirmação da sua personalidade limitada. Neste caso, é claro, há um perigo de que se desviem ou que nunca deem os passos que as levarão à liberdade.

Um ensinamento espiritual equilibrado inclui ideias e práticas tanto para integrar como para transcender o ser. Uma presença integrada permite à pessoa abrir os sentimentos dolorosos e as memórias perturbadoras, permitindo que sejam curados pelas energias do Ser essencial. No entanto, em algum momento o falso ser – o ego compulsivo – precisa ser exposto e compreendido.

Nossa cultura pós-industrial, materialista e secularizada não incentiva o despertar de nosso Ser essencial. O consumismo desenfreado, a autoindulgência, os hábitos de gratificação imediata, a relatividade moral do nosso tempo e o deslocamento de responsabilidades individuais e comunitárias para grandes corporações, instituições e burocratizações nos trazem menos momentos de verdade, menos encontros com os nossos seres essenciais e autênticos. A distração do entretenimento, tão atraente para a fraqueza humana, e a artificialidade generalizada que a tecnologia nos trouxe deixam-nos poucas chances de sermos o que fomos feitos para ser.

Pode ser difícil valorizar o Trabalho em um primeiro momento, mas uma vez que se compreende sua importância, ele se torna central em nossas vidas. O que nos dará forças para atravessar é a compreensão de que esse Trabalho leva ao verdadeiro bem-estar, e não a uma autogratificação ilusória.

## O FALSO SER

Em algum lugar, de alguma forma, começamos a viver como se estivéssemos separados, sozinhos e correndo perigo. Uma vez que passamos a estar com medo, construímos um ser a partir desse medo e desde então o defendemos com unhas e dentes. Esse falso ser existe no intelecto, em nossos pensamentos, especialmente naqueles que foram gerados por medo e pelos desejos que o medo cria. Esse falso ser se desenvolveu e existe entre nós e a realidade objetiva. Essa totalidade de medos, hábitos, preferências e opiniões precisa ser exposta e compreendida.

Quando o falso ser separa-se do coração, ou da mente mais profunda, e começa a adquirir autonomia, perde contato com sua própria fonte de Ser e integridade. O falso ser pode ser compreendido como *o intelecto superficial lutando por sua própria sobrevivência em detrimento da mente como um todo*.

Uma fixação no ser falso e compulsivo pode distorcer nosso sentido de realidade, de justiça e equilíbrio. Uma e outra vez esse falso ser pode arruinar o que foi conseguido por nossa *totalidade*. A possibilidade real do momento é destruída por um excesso de autoimportância, assim como por uma falta de respeito para consigo mesmo, pela ganância assim como pela indiferença, por nossos desejos desordenados assim como pela inércia. Ao seguirmos os impulsos desse falso ser, nosso Ser essencial é cada vez mais eclipsado.

Somos escravos de um tirano chamado "ego". A menos que sejamos extremamente astutos, simplesmente não vemos até que ponto somos controlados por nossos hábitos, compulsões e desejos, de tanto que estamos nos esforçando para satisfazer suas expectativas aleatórias.

O ego pode ser muito útil como um servo e mensageiro, cuidando das nossas atividades no mundo de acordo com as instruções e orientações que recebe do Ser mais elevado, através do coração. Mas sem a presença espiritual e a intenção podemos não ser capazes de distinguir a orientação do coração dos impulsos de nosso egoísmo. Sem despertar a vontade, não somos capazes de compreender o que é necessário a cada momento.

É por isso que várias situações que requerem paciência, humildade e serviço são oferecidas àqueles que se comprometeram com o Trabalho de despertar. Podem ser necessários métodos especiais de esforço e intenção para que essa fixação no falso ser seja aliviada, mas uma vez que a fixação foi constatada e percebida, nosso desejo por despertar intensifica-se e nunca voltamos a adormecer tão facilmente.

## VISÃO OBJETIVA

O trabalho de libertar-se do falso ser que obscurece o Ser essencial é alcançado por meio de uma observação amorosa mas objetiva. É necessário enxergar a si mesmo com outros olhos – de uma forma diferente da nossa maneira habitual de ver as coisas. A menos que possamos nos ver com alguma imparcialidade, nossa fixação no falso ego continuará simplesmente bloqueando qualquer compreensão objetiva. Tudo o que agora chamamos de mente e coração precisa ser observado com um novo olhar. Essa nova qualidade de visão se dá por meio dos olhos do coração, e a luz por meio da qual eles veem é tanto concentrada quanto transmitida por um ensinamento autêntico e pela ressonância de um grupo.

Temos um poder de raciocínio capaz de discernir o egoísmo do Ser verdadeiro, e por causa disso nos é possível transcender esse egoísmo em nome do Amor e alcançar o verdadeiro sentido da nossa individualidade. Uma certa energia precisa ser produzida; uma luz precisa ser acesa. O Espírito colocará diante de nós uma luz, mas isso só acontecerá quando tivermos dado um passo, ao menos um, afastando-nos de nosso egoísmo.

Ao mantermos limpo o espelho da consciência, podemos começar a nos libertar de nossas compulsões, pensamentos e comportamentos inapropriados. A consciência é o meio; o momento presente é o foco. Temos alguns obstáculos para encarar. Devemos confrontar nossa falta de atenção e a fragilidade da nossa vontade, nosso apego a opiniões, nossa escravidão com relação aos gostos e desgostos, nosso medo perpétuo da perda. Todas essas características formam o material bruto para o trabalho de transformação, para sermos transformados pela ressonância do Amor e pelo poder do nosso Ser essencial. É necessário despertar esse Ser, que contém o poder do Amor, para domar o falso ser.

## A TRANSFORMAÇÃO POR MEIO DO AMOR

Um professor meu disse certa vez, "O egotismo é o filho bastardo de um caso de amor entre o intelecto e o desejo egoísta". Nossa mente pensante, ou intelecto, pode se casar com uma dentre três formas de amor: desejo (*eros*), amizade (*filia*) ou amor incondicional (*agape*). Na verdade, essas três formas de amor são coexistestentes.

A primeira forma, o desejo, é a que predomina no falso ser. O falso ser é o "eu" motivado pelo desejo egoísta, e não pela plenitude do amor. O desejo, que é o amor do ego pelo desejável, pode coexistir com o amor cósmico e ser equilibrado por ele. O desejo só é negativo quando desloca as outras formas de amor, quando nos escraviza e domina nosso juízo.

Quando estamos governados pelos desejos do ego, podemos nos sentir confiantes, corretos e justificados em nossas ações, ter opiniões fortes e sentir que estamos certos e o resto do mundo está errado. A ambição excessiva, a ganância, a luxúria, a inveja, a presunção e a arrogância são todas resultantes do ego excessivo, o "eu" governado pelo desejo.

A maioria dos estados negativos são resultado da frustração – a frustração do desejo, da expectativa e do amor. Porque o egotismo é filho do intelecto e do desejo, é a frustração do desejo que produz os estados negativos do ego: raiva, ressentimento, cinismo, ódio, amargura, solidão e ansiedade. O ódio, afinal, nada mais é do que o amor frustrado. Ao observarmos qualquer estado fortemente negativo podemos ver que houve uma frustração do ego.

O que torna tão útil esse modelo das três formas de amor é que nos dá uma ideia de como podemos transformar o ego para que deixe de ser uma força frustrada, obsessiva e movida pelo desejo, e passe a ser uma identidade em contato com a realidade. Em termos práticos, se formos capazes de desviar nossa orientação de uma concentração exclusiva em satisfazer nossos desejos para um amor compartilhado na amizade – um amor cósmico, que vê os outros como nós mesmos – então nossa identidade, ou ego, será transformado por essas formas de amor.

## A COMUNIDADE DOS SEM EGO

A amizade, o serviço e a comunhão podem levar ao Amor cósmico. A ambição, a inveja e até mesmo o aperfeiçoamento próprio, quando não está equilibrado por um sentido de coletividade, podem conduzir a uma direção completamente diferente. Há um perigo em estarmos sozinho demais, tentando satisfazer exclusivamente a nós mesmos.

Para reconhecer o ego precisamos nos familiarizar com o não ego. Pessoas que foram suavizadas pelo amor, que põem as necessidades dos outros à frente das suas próprias, que não julgam severamente os outros nem a si mesmos, que não se consideram superiores a outros, que não são afetados pelas opiniões dos outros nem desejam ser virtuosos estão relativamente livres do egotismo. O resto de nós somos escravos dele.

O egotismo é difícil de ver quando mais precisamos vê-lo, pois nos identificamos com ele no momento em que mais exerce seu efeito sobre nós. O ego tem muitas modalidades:

Alguns de nós somos atores; tudo o que precisamos é ter a atenção dos outros e começamos a nos inflar com autoimportância. O desejo é provar que somos melhores que os outros.

Alguns de nós somos mártires; nos regozijamos no mal que imaginamos que os outros nos fazem porque este alimenta a estranhamente prazerosa sensação de autocomiseração.

Alguns de nós somos fazedores compulsivos; perseguimos constantemente nossos objetivos mundanos e sem coração, o que consideramos ser mais importante do que passar tempo com os outros. Escondemo-nos atrás de nossa ocupação excessiva; fixados em um ser limitado, isolado, evitamos nos relacionar.

Alguns de nós somos cínicos, sempre com uma atitude crítica em relação aos outros. Talvez as frustrações tenham nos deixado impotentes, e nossa única defesa seja o cinismo.

Alguns de nós somos assassinos, matando outras pessoas em nosso pensamento, alimentando a raiva e o julgamento, nunca dando crédito a ninguém.

Alguns de nós somos raivosos porque os outros não atenderam às nossas expectativas. Isso normalmente significa que não nos mostraram o grau de importância que nós sentimos que merecemos.

Todas essas modalidades surgem de uma negação do amor. A única forma de lidar com tal separação é dar um passo atrás e recordar o que nos fez entrar nas relações a princípio, assumir uma certa boa vontade e ser humildes o suficiente para considerar nossas próprias falhas. Isso pode nos livrar do pensamento autocentrado. Enfim poderemos aprender a ser cada vez mais livres dos nossos próprios pensamentos e expectativas autocentradas, pedindo pouco dos outros – apenas aquilo que são –, vendo o melhor em cada um e demonstrando paciência e tolerância.

O egotismo é o próprio demônio; uma fonte inesgotável de inveja, ressentimento e orgulho. Ter uma paixão saudável pela vida é um presente, mas não podemos deixar essa paixão tornar-se uma fixação nos desejos do ser limitado.

Podemos transformar esse egotismo ao substituir o sentimento de "eu" por "nós". Podemos cultivar o "sentimento de nós" e sentir a nossa própria força e valor em nossos relacionamentos.

Alguns de nós usamos a espiritualidade para aumentar nossa própria autoimportância e a sensação de sermos especiais. Cobrimos o egotismo com uma aparente humildade, e o egoísmo com aparente generosidade.

Precisamos chegar às mudanças fundamentais que são necessárias em nós, e isso requer sinceridade. Podemos nos libertar da automotivação ao tornarmo-nos nada. E para nos tornarmos nada, é preciso limitar nossos pensamentos habituais autocentrados. Isso cortará pela raiz o egotismo, pois o ego existe em nosso pensamento. O pensamento habitual, inconsciente, pode ser motivado por desejo, medo ou frustração. Se pudermos experimentar estar ao menos relativamente livres do pensamento egotista, interrompendo intencionalmente o hábito do pensar mecânico, entrando na percepção e presença diretas, seremos capazes de minar a estrutura do medo e do egoísmo. Podemos desaprender nossa própria convicção profunda de nós mesmos como entidades isoladas, separadas e limitadas.

Se olharmos para a experiência que chamamos de estar vivos e examinarmos honestamente os conteúdos da consciência, veremos que não somos capazes de levar nossa atenção inteiramente para o viver. Por estarmos cheios de desejo, raiva, solidão e medo, nosso ser condicionado não consegue parar de comparar, querer, defender, se ressentir e sentir medo. Se pudéssemos trazer nossa atenção e presença inteiramente para cada momento da vida, aquele ser falso, condicionado, acabaria por ficar sem energia.

Esse estado de vida compulsivo é tão doloroso, sua solidão é tão grande, que fazemos todo o possível para escapar dele, sonhando que pudesse ser diferente – por meio do entretenimento, da autogratificação e de buscar em círculos espirituais o amor que não sentimos por nós mesmos. Se pudéssemos simplesmente ser, seríamos capazes de escapar da ansiedade de nos tornarmos algo que não somos, de conseguirmos ter algo que não temos e de tentar formatar a realidade de acordo com os nossos próprios desejos.

Muitas vezes não queremos mudar; em vez disso, queremos que a dor vá embora e nos permita continuar sendo os mesmos, com todos os nossos desejos intactos, assim como a imagem que fazemos de nós mesmos. Não teremos sucesso correndo em direção a coisa alguma, pois não podemos correr de nós mesmos. E, no entanto, o que mais precisamos é daquilo que já somos: nosso Ser essencial. Não há fuga, e sim a volta para casa.

Quando realmente começamos a ver o estado de nossa vida, compreendemos que precisamos mudá-la quase completamente se desejamos ser nós mesmos. É a nossa própria personalidade que precisa ser reorientada e desenvolvida para que possamos escapar da tirania do nosso falso ser. O ego não deve ser descartado ou diminuído; depois de ser deslocado da sua posição de comando, pode se tornar um servo muito útil. A personalidade pode então ser guiada por um discernimento interno e começar a agir em resposta às necessidades do momento, e não por uma compulsão ou autointeresse mal dirigido. A submissão do ser inferior ao Ser superior, do ser ao Todo, a cada momento, passa a ser o fato central da existência. Submissão é viver para o seu próprio Ser – o eterno eu – e não para o seu ego.

# 10
## O cuidado com a alma

Ó cabeça, és causa dentro de causa dentro de causa.
Ó corpo, és maravilha dentro de maravilha dentro de maravilha.
Ó coração, és busca dentro de busca dentro de busca.
Ó alma, és alegria dentro de alegria dentro de alegria.
RUMI, *QUATRAINS*: 1668 (EDIÇÃO FORUZANFAR)

*O head, you are cause within cause within cause.*
*O body, you are wonder within wonder within wonder.*
*O heart, you are searching within searching within searching.*
*O soul, you are joy within joy within joy.*

Se alguém lhe perguntasse, "Como está sua alma?", qual seria a imagem que lhe viria à mente? Em que você pensaria? Em alguma substância etérea alojada dentro de seu peito? Algum vago espectro associado a você? Aquela parte de você mesmo que raramente considera mas que é eterna e talvez não esteja em boa forma – que talvez não esteja, na verdade, preparada para o paraíso ou para o que quer que venha depois dessa vida? A alma é uma coisa, ou será que é você, sua verdadeira identidade?

Antes de tentar responder algumas dessas perguntas, seria bom olharmos em primeiro lugar para a nossa própria experiência. Muitas vezes, o que consideramos como nós mesmos é a nossa mente pensante e as emoções que dela surgem. Nós não só pensamos, mas pensamos sobre nós mesmos, o que muitas vezes leva a uma grande confusão. Cada um de nós tem uma ideia de quem nós somos, e pensamos dentro do âmbito dessa ideia de nós mesmos. Temos também comportamentos e traços de personalidade característicos que consideramos como sendo nós mesmos, assim como um corpo, que é o nosso ponto de referência mais tangível.

Mas quando falamos da alma, referimo-nos a algo mais essencial do que o pensamento ou o corpo. Se já olhamos para a nossa experiência com profundidade, podemos saber um pouco mais. É possível, por exemplo, que tenhamos experimentado a nós mesmos como uma presença simples, não qualificada – um estado por trás de nossos pensamentos, emoções e comportamentos. Este é outro aspecto da nossa experiência.

Quer acreditemos ou não que a alma está destinada a uma vida eterna além do corpo, podemos ao menos concordar que cada um de nós tem um ser interior, e que esse ser interior tem algo a ver com a nossa qualidade de vida. Palavras como *consciência*, *contentamento*, *ansiedade*, *arrependimento* e *anseio* aplicam-se a esse ser interior. Pode ser que demos mais atenção às necessidades externas da nossa vida do que às necessidades do nosso ser interior, cometendo o erro de acreditar que o estado do nosso ser interior depende, mais do que nada, de nossas condições materiais exteriores.

Existem, no entanto, pessoas que tornaram o trabalho sobre seu ser interior o foco principal de suas vidas, e a marca deixada por essas pessoas parece sobreviver à marca de conquistadores e reis, à dos ricos e poderosos. Esses exploradores e heróis da vida interior algumas vezes deixaram registros e mapas, compreensões e práticas espirituais relacionadas às necessidades e ao desenvolvimento da alma humana. Além disso, há uma certa quantidade de sabedoria nas formas cotidianas que temos de falar sobre a alma.

No sufismo, compreendemos que o ser humano é composto de três aspectos: ser, coração e espírito. O ser é a experiência da nossa identidade pessoal, incluindo nossos pensamentos e emoções. O coração é algo mais profundo, experimentado por meio de um saber interior, muitas vezes com uma qualidade de compaixão, consciência e amor. O coração pode, por fim, levar ao reconhecimento da parte mais profunda de nós mesmos – nossa consciência íntima, ou espírito; o reflexo de Deus dentro de nós.

Se dizemos simplesmente que a alma é o nosso ser interior, então a qualidade do nosso ser interior, ou alma, é o resultado da relação entre o ser e a nossa consciência mais profunda, o Espírito. O ser sem a presença do espírito é mero ego, é a máscara falsa, governada por pensamentos e emoções autocentradas.

Quanto mais o ser torna-se infundido pelo espírito, mais "cheio de alma" ele é. Usamos as palavras *presença* e *recordação* para descrever a conexão consciente entre ser e Espírito. Quanto mais vivemos com presença, mais nos lembramos de Deus, e mais cheios de alma nos tornamos, pois deixamos cair a máscara.

O cuidado com a alma é então o cultivo da presença e da recordação. A presença inclui todas as formas com que atendemos a nossas próprias vidas, conscientemente.

A alma é fruto da união entre ser e espírito. Quando esta união amadurece, a alma adquire substância e estrutura. É por isso que se diz, em alguns ensinamentos, que não temos espontaneamente uma alma; precisamos adquiri-la por meio do nosso trabalho espiritual.


INIMIGOS DA ALMA

Então o que é que nos afasta da presença e da recordação? É isso que precisamos observar em nós mesmos, pois diferentes tipos de pessoas têm diferentes formas de abandonar suas almas.

Um ego grande não é a mesma coisa que uma alma forte. O ego em si mesmo é algo mais como uma reação a certas circunstâncias e condições do que um agente dotado de vontade independente. O ego é pouco viável pois é mais um efeito do que uma causa. Pode até ter a força do autointeresse, mas esse mesmo autointeresse o torna vulnerável a um milhão de decepções e ameaças.

Quais são os sinais de uma alma fraca? Se somos dominados pelas atrações do mundo, se vivemos saltando entre gostos e desgostos, transitando de uma subpersonalidade para outra, de uma intenção para outra, mudando de ideia constantemente, sem ter um centro, esses são sinais de que a alma precisa de mais substância.

Em poucas palavras, ter cuidado com a alma é desligar-se da falsa realidade na qual somos hipnotizados e nos conformamos em acreditar, e conectar-se com a verdadeira fonte do nosso Ser.

Os seres humanos são extraordinariamente sugestionáveis. Tendemos a acreditar de forma infantil no que nos contam, no que é repetido, naquilo em que acreditam as pessoas à nossa volta. Possivelmente essa característica foi uma vantagem em tribos e comunidades pequenas e tradicionais; muitas vezes, a sabedoria da experiência pôde assim ser passada de geração em geração. Mas conforme a sociedade tornou-se mais complexa e diversificada, com impérios, grandes religiões institucionalizadas e partidos políticos, as fontes de doutrinação passaram a ser mais sofisticadas. Nas sociedades fragmentadas de hoje, as pessoas podem ser manipuladas e controladas por crenças, opiniões, símbolos e dogmas manufaturados por indivíduos psicopatológicos e sociedades secretas que buscam controle e poder.

O que significa "vender sua alma"?

Os meios de sedução mais frequentes são *porneia* (aquilo que nos distancia da nossa verdadeira natureza) e *anaesthesia* (uma defesa contra a dor imaginária de despertar).

Esses conceitos rígidos usurpam a presença e a imaginação, construindo uma falsa realidade. O sentimento de estar sozinho e vulnerável em um universo impessoal, ou de ser uma alma imperfeita tentando satisfazer um Deus crítico, resulta em uma persistente alienação existencial. Por meio da solidão e do medo cotidianos, somos manipulados em direção a uma falsa segurança por aqueles que buscam nos controlar. Eles jogam com a necessidade do ego de estar com a tribo, com o partido, com a "verdadeira" religião.

## MANUTENÇÃO DIÁRIA DA ALMA

O que significa cuidar da sua alma? Cuidar da alma é a prática constante de trazer uma atenção amorosa para os problemas, conflitos e anseios da nossa vida. O sofrimento emocional é algo que deve ser atendido e não algo do qual devemos nos separar completamente. Podemos aprender a ler a nossa vida como uma história, em vez de um caso clínico. Mais do que isso, se a história que temos contado para nós mesmos é um melodrama ou uma tragédia, precisamos reescrevê-la. Toda vida humana, quando vista da perspectiva da incansável Misericórdia Divina, é a história da graça se revelando. O amor se revela nos detalhes mais precisos de cada vida humana, contanto que não imponhamos o roteiro da autocomiseração, da amargura e do medo. A alma é também o lugar onde os atributos divinos de Deus podem ser despertados de seu estado latente para tornarem-se qualidades do nosso caráter. Essas qualidades são a herança natural que a alma recebe do Divino. É através da comunhão com o divino que a alma assume os atributos divinos de bondade, generosidade, coragem, perdão, paciência e liberdade.

Quais são os sinais de que uma pessoa começou a adquirir uma alma? Mais constância na presença, mais intencionalidade e recordação na vida exterior. O mestre espiritual é bem familiarizado com os estratagemas do ego, como este interfere nas intenções espirituais das pessoas, distraindo e subvertendo-as. Por isso é tão importante, especialmente no começo, ter uma firme intenção com relação aos seus compromissos espirituais. Quando esses compromissos não são priorizados, há pouca chance de se transformar o falso ser e desenvolver uma alma.

Conforme a alma se desenvolve, demonstrará essa constância mesmo nos nossos sonhos – ou seja, mesmo nas profundezas de nossa mente subconsciente.

A alma é uma substância que sabe, que conhece a Realidade além do tempo e do espaço. Adquirir esse tipo de sabedoria é tornar-se iluminado, é estar conectado a uma inteligência que guiará cada passo em seu caminho. Assim, em vez de viver no medo e na incerteza, cada vez mais se poderá confiar no desenrolar da vida.

O Trabalho da alma é a maior satisfação na vida. Trata-se de uma longa jornada, com muitos estágios de realização. Se você quer saber quão perto está de viver a vida da alma, simplesmente pergunte-se a si mesmo: Quanto da minha energia vital é destinada a reclamar das minhas circunstâncias, a culpar os outros por minha própria infelicidade, a tentar controlar os outros para alcançar meus desejos, a enganar os outros para me fazer parecer melhor, ou a me promover? O remédio para todas essas doenças espirituais é o mesmo: o contato com seu ser interior verdadeiro, que é um reflexo do Divino.

Por fim, depois de todas as nossas práticas espirituais e de todo o conhecimento esotérico que pode ser adquirido, a verdadeira medida da plenitude da alma é o grau da nossa humildade, gratidão, paciência e amor.

# 11
# Consciência

Chamo como testemunha o ser da consciência.
*ALCORÃO*, SURA AL-QIYAMAH 75:2

Todo ser humano nesta terra está no processo de aperfeiçoar ou degradar sua alma. No entanto, a maioria das pessoas estão tão absorvidas em tentar satisfazer desejos ou amenizar sofrimentos que não são capazes de compreender o significado das suas escolhas e ações.

Não devemos nos preocupar em julgar ou avaliar os outros, e sim refletir sobre o propósito das nossas próprias vidas, e se estamos sendo verdadeiros com esse propósito. Também não podemos nos esquecer do princípio global de que *o ser humano que ama é o ser humano que está verdadeiramente vivo*.

Aqueles que se dedicam a aperfeiçoar sua alma estão sendo transformados ao longo de vários níveis de inteligência objetiva e Amor incondicional. Os que estão no processo de degradar sua alma estão cada vez mais sujeitos às influências anormais que distorcem a verdade, vindas daquele impulso peculiar do seu ser, geralmente conhecido como egoísmo.

O que diferencia as pessoas que estão no processo de serem aperfeiçoadas daquelas que estão no processo de serem degradadas é até que grau opera dentro delas a capacidade de consciência (*taqwa*, na terminologia sufi). Essa capacidade de consciência é em si mesma um atributo da Presença Divina inerente ao ser humano – um atributo que pode ser velado, distorcido ou negado pelo egoísmo predominante na sociedade.

Aqueles envolvidos no processo de serem aperfeiçoados desenvolvem uma capacidade dentro de si mesmos; uma capacidade de direção consciente da sua própria psique em conformidade com o verdadeiro propósito de sua existência, pois há incontáveis maneiras pelas quais um ser humano pode se desenvolver. Em alguns casos, o desenvolvimento extremo pode até levar a distorções grotescas da nossa humanidade.

O propósito da vida, na perspectiva sufi, é atingir uma comunhão com o Divino, conhecer e experimentar as verdadeiras dimensões da beleza, da inteligência e do Amor divinos.

O desenvolvimento holístico do ser humano ocorre de acordo com certas proporções de corpo, mente, emoções, coração e espírito. A preocupação excessiva com qualquer um desses aspectos é menos favorável a uma vida espiritual completa e abundante do que o equilíbrio entre todos eles. A proporção correta desses atributos humanos depende do alinhamento do ser com o Espírito. Quando, por outro lado, o egoísmo é o fator organizador, obscurecem-se as funções superiores e as inferiores tornam-se incoerentes, obsessivas e excessivas.

Os seres humanos que se desenvolvem de forma harmoniosa, relativamente livres dos fatores distorcivos do egoísmo, tipicamente evocam em outros seres humanos uma reação de respeito e gratidão, e podem até gerar um impulso objetivo de amor autêntico.

A influência de uma consciência funcional no ser humano é uma das principais qualidades que devemos tentar despertar por meio do ensinamento espiritual. Ser orientado pela consciência resulta da presença daquele fator cósmico essencial, também conhecido como compaixão e misericórdia divinas.

Chegamos agora ao ponto mais importante: o ser humano que desperta uma tal qualidade dentro de si mesmo é aquele que se tornou plenamente ciente do conflito interior entre desejos e não desejos, entre gostos e desgostos. Essa batalha das polaridades é uma característica constante da vida terrena, quando experimentada pela personalidade dominada pelo ego. Mas alguém capaz de testemunhar essas polaridades atinge, gradativamente, um estado em que as transcende, um estado em consonância com o Amor objetivo e inteligente.

Seres humanos que estão no processo de enfatizar e até mesmo exagerar desejos e não desejos apenas aumentam seu sofrimento, enquanto aqueles que nutrem o estado de consciência transcendente, de testemunho objetivo e consciência compassiva tornam-se servos do Amor cósmico e inteligente.

O campo da experiência humana é tão rico em contrastes e complexidades, com a tristeza e a alegria, o arrependimento e a esperança, o descuido e a intenção, que só o ato de testemunhar, objetivo e transcendente, é capaz de transformar esse campo de batalha de contrastes em uma totalidade rica e abençoada.

Como foi dito antes, a capacidade de consciência reside no mais profundo do ser humano, mas pode ser obscurecida pelas influências negativas do egoísmo, tanto as que são geradas pessoalmente quanto aquelas causadas pelas condições anormais predominantes das sociedades terrestres, passadas de geração em geração. Isso contribuiu para uma divisão na psique humana entre a mente consciente e a subconsciente, como são chamadas. A mente consciente é mais ou menos o reino do ego; a mente subconsciente é o reino no qual reside a verdadeira consciência, em sua parte mais profunda. Assim, o desenvolvimento espiritual é o processo de transferir da mente subconsciente para a mente consciente os impulsos autênticos de consciência, que de outro modo seriam obscurecidos ou negados por todos os impulsos do egoísmo – tantas vezes socialmente aceitos –, que enfraquecem a alma e enganam a própria pessoa.

A dualidade entre a mente consciente e a subconsciente que opera na psique também levou os seres humanos a serem divididos em várias subpersonalidades e, de modo geral, a perderem contato com os impulsos preciosos e mais objetivamente verdadeiros que surgem na consciência, que em sua manifestação coletiva podem ser descritos como "sinceridade". No lugar dessa sinceridade surge uma manifestação inteiramente diferente, que chamamos de "falso ser", uma identidade irreal nascida da mente pensante e enraizada na vaidade, na defesa e no engano.

Normalmente, desde a mais tenra infância, os seres humanos são "educados" para sustentar um ser social mais preocupado com as aparências do que com a realidade, e para quem a satisfação dos desejos do ego predomina sobre os impulsos mais naturais da empatia; estes, no entanto, continuam a funcionar primordialmente e apenas na mente subconsciente. Quando esses impulsos começam a se acumular ou vazar para a consciência do indivíduo, são imediatamente dispensados pelo ego como noções irrealistas e sentimentais, demasiadamente pouco práticas para serem atualizadas nas condições da existência cotidiana, de tal modo que a pessoa que age com base neles é considerada ingênua e explorada pelos outros.

Naturalmente, esse erro moral primordial ocorre inúmeras vezes e vai se acumulando, gerando uma paleta de emoções e comportamentos negativos e artificiais, tais como arrogância, pretensão, mesquinharia, hipocrisia, difamação, servilismo, falsidade e assim por diante. Essas várias formas de insinceridade foram aos poucos tornando-se a base das personalidades humanas. São mais ou menos consideradas respeitáveis na sociedade, e são a causa do enfraquecimento e corrupção das capacidades do coração conhecidas como fé, esperança e amor. No entanto, sempre sobrevive, soterrada nas profundezas da psique de cada pessoa, a característica essencial da verdadeira consciência.

Como a fonte de toda a existência nunca deixa de irradiar a Realidade essencial da misericórdia amorosa, a Misericórdia Divina consegue infiltrar-se pelas rachaduras da vida falsa e artificial que as pessoas criam para si mesmas. Assim, os seres humanos inevitavelmente hão de se deparar com experiências de sofrimento e decepção que quebram algumas das características desse falso ser e dão origem a momentos de verdadeiro remorso e empatia essencial. Infelizmente, no entanto, em alguns desses momentos surge a capacidade especializada em reprimir esses impulsos mais objetivos que vêm do coração; e caso o desafio para o falso ser torne-se persistente demais, eles têm ao seu dispor várias drogas, bebidas e diversão que apelam a seus desejos inferiores.

De modo geral, então, os seres humanos, operando principalmente através desse falso ser, trabalham sem parar e até em horas extras a fim de garantir para si mesmos, exclusivamente, as condições que seu falso ser dita como sendo mais agradáveis para seus seres artificiais. Muitas vezes o resultado é que o prazer, o conforto e a segurança do indivíduo vêm em detrimento de outras pessoas; os mais eficazes em alcançar seus desejos individuais são tipicamente os que têm menos empatia. Com o tempo, o poder e a riqueza concentram-se cada vez mais com aqueles que lutaram patologicamente por seu próprio benefício pessoal, sem qualquer apreço à verdade, à justiça ou ao bem-estar dos outros. Este é o mundo no qual vivemos hoje.

O que tem se perdido nesse processo é o respeito naturalmente devido aos seres humanos que possuem as características de falta de egoísmo, empatia e amor incondicional. Tais seres sempre existirão, e alguns serão lembrados e até idolatrados, por mais que sua presença nas sociedades humanas torne-se cada vez mais rara.

O desaparecimento da consciência na vida cotidiana e sua substituição por vaidade, ambição, presunção e, geralmente, pelo culto ao falso ser levaram ao lamentável estado do mundo atual. É óbvio que o remédio para essas condições deve ser espiritual e estar baseado em uma compreensão mais objetiva da psique humana e da essência espiritual em seu cerne, uma essência que nunca se atrofia completamente.

O redespertar da consciência é possível por meio da combinação de valores objetivos e do aumento da presença consciente. Entre esses valores objetivos podemos listar os seguintes:

• estar consciente do sentido e do propósito da existência humana como um processo de autoaperfeiçoamento baseado em leis espirituais;

• buscar as condições físicas ideais para a vida, não só para nós mesmos, mas com uma consciência da nossa humanidade coletiva;

• estar ciente de que a autêntica felicidade só surge com um sentido saudável de sacrifício e trabalho;

• rejeitar a noção de que o bem-estar individual pode ser edificado sobre a exploração dos outros;

• estar imparcialmente comprometido com o bem-estar dos outros como questão de princípio ou, em outras palavras, aumentar nossa capacidade de irradiar amor e beneficência.

Apenas por meio do redespertar da consciência é que os seres humanos poderão cumprir sua verdadeira função ecológica dentro da natureza. Com a verdadeira consciência, poderemos conhecer a nós mesmos como seres de livre arbítrio e desenvolver a capacidade de emanar vibrações positivas que servem à integridade beneficente da vida.

# 12
# O Ser essencial

Aquele que conhece a si mesmo conhece a seu Senhor.
DITO ATRIBUÍDO AO PROFETA MUHAMMAD

O que é o Ser essencial? Como podemos saber se estamos em contato com ele ou imersos em uma ilusão? O Ser essencial tem uma realidade objetiva, uma presença ontológica?

Este não é o melhor lugar para perguntar e responder a todas as questões sobre a existência da alma humana ou sobre a realidade do Invisível. Mesmo se assumirmos que existe um certo nível de consciência e sensibilidade espiritual por parte das pessoas que leem este livro, algumas perguntas serão inevitáveis. O Ser essencial existe, ou trata-se meramente de uma noção efetiva para nos transportar além das limitações da mente convencional?

Ao falarmos de uma *realidade objetiva*, normalmente referimo-nos a coisas que podemos apreender com nossos sentidos, quer sejam objetos, forças ou leis da natureza. Até mesmo uma ideia tem uma espécie de existência, mas se a ideia traz consigo uma impossibilidade – por exemplo, a ideia de um círculo quadrado –, ela existe *apenas* como uma ideia e não se refere a nada real. Alguns podem dizer que o Ser essencial é uma ideia como essa, e que até mesmo a noção de uma presença observadora não passa de um epifenômeno, um subproduto de certos processos psicológicos.

Mas e se pudéssemos experimentar algo mais real do que aquilo que vemos e tocamos, algo mais nós mesmos do que nossos corpos, nosso papel na sociedade ou nossa história pessoal – mais real até do que os nossos pensamentos e emoções? Será que este Ser essencial pode ser experimentado?

Tudo o que podemos vir a saber depende do nosso estado de consciência. No estado de sono, por exemplo, o que sabemos está limitado à forma de funcionamento da mente que chamamos de sonho. Enquanto permanecermos em um estado de sonho, interpretaremos até mesmo as impressões sensoriais – como os sons e sensações – em termos do sonho que estamos tendo. Se um copo d'água cair na mesa de cabeceira e a água respingar em nós, possivelmente sonharemos que estamos no meio da chuva. A menos que despertemos, até mesmo essa informação sensorial será moldada pela subjetividade do nosso sonho.

Em nosso assim chamado estado de vigília, estamos abertos a impressões sensoriais em um sentido mais objetivo, e, no entanto, ainda podemos distorcer aquilo que acontece diante de nossos olhos. É comum várias pessoas presenciarem exatamente o mesmo evento e terem ideias muito diferentes do que de fato aconteceu. Os sábios vêm dizendo para a humanidade que ela está dormindo, embora acredite estar acordada. Muhammad disse: "Esta vida é um sonho, e ao morrer despertamos". Até o nosso estado de vigília pode incluir uma espécie de distorção típica do sonho.

Para além dos fatos da existência sensorial, ou concomitante a essa existência, existe a dimensão das qualidades que são percebidas por faculdades ainda mais sutis do que os nossos sentidos. Se lermos uma grande obra poética valendo-nos apenas de nosso intelecto e mente sensorial, seremos capazes de reconhecer os significados literais, concretos das palavras – de saber se aquilo faz sentido ou não em um nível concreto e intelectual –, mas não necessariamente estaremos acessando o seu significado, sentindo suas nuances ou percebendo seu sabor emocional. Podemos, em um dado momento, ler uma poesia como se fossem meras palavras, mas com uma mudança de consciência, com o coração aberto e envolvido, os mesmos versos podem inexplicavelmente encher nossos olhos de lágrimas. O que é que controla essa corrente de lágrimas? O que faz com que essa experiência surja das nossas profundezas? A experiência que temos depende do nosso estado de consciência.

O Ser essencial é uma realidade objetiva, mas não pode chegar a ser conhecido em um estado de sono, assim como não conhecemos durante um sonho os fatos da realidade. Na tradição sufi, está escrito que o Espírito absoluto disse "E eu infundi Meu Espírito na humanidade". Somos todos animados pelo sopro de vida que recebemos. O Ser essencial pode ser compreendido como essa individualização do Espírito. No entanto, trata-se de uma energia tão refinada e sutil que pode ser obscurecida por energias mais brutas da nossa existência, as energias do pensamento, do desejo, do instinto e da sensação. São estes os véus que cobrem nosso Ser essencial, as substâncias embriagantes que nos tornam anestesiados diante dele.

Se o Ser essencial estiver comprometido, tem os poderes de ser, fazer, viver, saber, falar, ouvir e amar. De atributos essenciais como estes procedem todas as qualidades das quais precisamos para viver uma vida de abundância. Neste ponto não dimensional do Ser essencial (não dimensional porque existe no reino do verdadeiro Ser, que para nós aparenta ser a não-existência), encontra-se o tesouro de todas as qualidades. Podemos receber desse tesouro aquilo de que precisamos para estar a serviço, por meio de um processo de ativação consciente ou inconsciente; mas temos o direito, como seres humanos, de receber conscientemente. O ser humano é um canal para o Poder Criativo do universo. Por meio do uso da vontade – da escolha consciente – podemos ativar as qualidades e poderes do Ser essencial.

O Ser essencial é algo que está velado para a mente consciente e só pode ser conhecido indiretamente, como o inconsciente de Jung? Para Jung, o Ser era um arquétipo da totalidade do inconsciente. Todas as nossas imagens da totalidade – incluindo a divindade, Cristo e o Tao – representavam esse arquétipo inconsciente, que nunca poderia ser diretamente conhecido. Isto revela uma verdade fundamental do Ser essencial: que é infinito e não pode, nunca, ser inteiramente compreendido pela consciência por si só. Mas trata-se de uma verdade parcial, pois, ao mesmo tempo, podemos ver com os olhos do Ser essencial, ouvir com seus ouvidos, agir com a sua vontade, perdoar com seu perdão e amar com seu amor.

No sufismo clássico, a sequência do falso ser para o Ser essencial foi descrita em sete estágios. A palavra para "ser" [*self*], *nafs*, é também equivalente a "alma".

1. *O ser da compulsão* busca a satisfação, primeiramente, satisfazendo seus desejos carnais egoístas e sua ânsia pelo poder. É mencionado na Sura Yusuf, verso 53, do Alcorão, como o "o ser impelido para o mal".

2. *O ser da consciência* já começa a discernir entre certo e errado, e pode às vezes resistir à tentação das ações más e egoístas. Está mencionado na Sura Qiyyamah, verso 2: "Chamo como testemunha o ser da consciência".

3. *O ser da inspiração* é inspirado pela sabedoria espiritual e pode seguir, de maneira confiável, a voz da consciência. Está mencionado na Sura Shams, versos 7-8: "Pela alma, pela proporção e pela ordem dada a ela, e por sua inspiração quanto ao que é correto e o que é errado". Este é o estágio mais alto que chega a ser alcançado pela moralidade e a religião convencionais.

4. *A alma da tranquilidade* alcançou um nível de presença no qual é possível uma intimidade consciente. Está descrito na Sura Fajr, versos 27-28: "Ó alma tranquila, retorna a teu Senhor satisfeita e complacente com Ele".

5.   *A alma da submissão* chegou ao nível em que seus desejos e ações estão em harmonia com a Realidade. Literalmente, este estágio é chamado de "o eu satisfeito", e o estágio 6 é chamado de "o eu que satisfaz a Deus". Ambos os estágios são descritos na Sura Ma'idah, verso 122: "Allah está satisfeito com eles e eles com Deus".

6.   *A alma da submissão total* é ainda mais inteiramente identificada com a Vontade Universal, e assim não só está satisfeita como satisfaz a Deus. Este é o estágio dos grandes santos cujas vidas podem ser um exemplo profundo e milagroso da completude humana. Essas pessoas estão perdidas na Verdade.

7.   *A alma da perfeição* é um absoluto imaginário, o ser humano perfeito ou completo, conforme descrito na Sura Shams, verso 9: "Verdadeiramente triunfa aquele que purifica [a alma]".

Os estágios 1 e 2 estão mais ou menos sob o controle do falso ser. O estágio 3 pode ser chamado de "ser natural", enquanto os estágios de 4 a 7 representam vários graus do Ser essencial.

Não podemos sequer ter uma noção do Ser essencial a menos que possamos chegar ao nosso cerne – aquilo em nós que é mais profundo do que pensamentos e emoções, gostos e desgostos, opiniões e ambições. É possível escutar internamente quando se acompanha o ascender da respiração, é possível ouvir o silêncio por trás de pensamentos e emoções. Este silêncio é o pano de fundo daquilo a que normalmente prestamos atenção. Uma vez que esse estado tenha sido razoavelmente estabelecido, podemos direcionar a mente ao nosso nascimento, ao mistério de nossa vinda ao mundo. Podemos sentir amor por esse ser que entra na vida e então focalizar em um enterro, o nosso próprio enterro. Podemos trazer o princípio e o fim da nossa vida ao momento presente, enxergando esse momento presente com os olhos da eternidade, do ponto de vista do nosso Criador amoroso. Com este ponto de vista, que é o do Ser essencial, muitas feridas podem ser curadas, muitos erros perdoados e muitas perdas aceitas.

Rumi também diz isso em uma de suas odes (*Divani Shamsi Tabriz* 120):

Não te afastes, chega mais perto!
Não sejas infiel, sê fiel!
Encontra o antídoto no veneno.
Vem para a raiz da raiz do teu Ser.

Moldado pelo barro, ainda que sovado,
da substância da certeza,
sentinela do Tesouro da Luz Sagrada
– vem, retorna à raiz da raiz do teu Ser.

Uma vez que tenhas conseguido a abnegação
serás puxado para longe do teu ego
e libertado de muitas armadilhas
– vem, retorna à raiz da raiz do teu Ser.

Nasceste dos filhos da criação de Deus,
mas assentaste baixo demais tua visão.
Como podes ser feliz?
– Vem, retorna à raiz da raiz do teu Ser.

Embora sejas um talismã protegendo um tesouro,
és também a mina.
Abre teus olhos escondidos
e vem para a raiz da raiz do teu Ser.

Nasceste de um raio da majestade de Deus
e tens as bênçãos de uma boa estrela.
Por que sofrer nas mãos de coisas que não existem?
– Vem, retorna à raiz da raiz do teu Ser.

Vieste até aqui desde a presença daquele bom Amigo,
Um pouco bêbado, mas delicado, roubando nossos corações
Com aquele olhar tão cheio de fogo, então
– vem, retorna à raiz da raiz do teu Ser.

Nosso mestre e anfitrião, Shamsi Tabriz,
pôs diante de ti o cálice eterno.
Glória a Deus, que vinho raro!
Então vem, retorna à raiz da raiz do teu Ser.

# 13
## Tornar-se amigo do ego

Ajuda-me com esse meu ego
que busca a Tua ajuda;
busco justiça apenas
desse ser que busca justiça.
Não conseguirei justiça de ninguém
a não ser Ele, que está mais próximo de mim do que eu mesmo;
Pois essa identidade vem d'Ele a cada instante.

RUMI, *MATHNAWI I*: 2195-98

*Help me with this ego of mine*
*that is seeking help from You;*
*I seek justice from no one*
*but this justice-seeking self.*
*I shall not get justice from anyone*
*except Him who is nearer to me than myself;*
*for this I-ness comes moment by moment from Him.*

Durante muitos anos, meu foco dentro desse Trabalho esteve na atenção consciente e na vontade. Essa presença podia ser alcançada a cada instante pelo esforço por recordar, por estar consciente. Pude ver que sem essa disciplina de percepção consciente vivíamos em parte como animais, em parte como máquinas, mas ainda não como seres humanos capazes de exercer a escolha, de responder claramente a cada momento em vez de reagir cegamente a partir do hábito e da expectativa. Compreendi que o

Trabalho desenvolvia uma sensibilidade para o presente, ao incrementar a consciência. Esta não se desenvolvia automaticamente, mas com uma clara intenção formada pela vontade. A presença desenvolvia-se, até um certo ponto, por meio da escolha e do esforço. O ego pode preferir chafurdar-se em seus hábitos compulsivos e inconscientes, mas algo dentro de mim não se conformava com isso.

Qualquer pessoa que tenha trabalhado por tempo suficiente dessa forma acabará por deparar-se com uma questão essencial, ainda que sutil: o ego pode ser transformado por seus próprios esforços? Existe o perigo de estarmos meramente em guerra com nós mesmos, uma parte do ego debatendo-se com outra, construindo tensão e frustração dentro de nós? Isto algum dia nos libertará do isolamento provocado pelo ego?

O domador do ego é o amor. Precisamos aprender a amar até o próprio ego; assim, este pode submeter-se ao amor. Talvez seja preciso considerarmos o que é o ego e como viver com ele.

O ego é formado quando tentamos preservar um lugar para nós mesmos em um mundo composto por muitas forças opostas. À medida que vivemos, vamos encontrando desafios e exigências. Tentamos estabelecer uma posição a partir da qual – ou por meio da qual – agir. O ego é uma energia fundamentalmente positiva, com várias qualidades positivas: aspiração, diligência, responsabilidade, respeito próprio, disciplina e integridade.

Essas qualidades positivas podem ser vistas como algo que pertence à Fonte, refletindo-se através de nós. Conforme desenvolvemos essas qualidades, o aspecto positivo do ego, veremos como esse ego é apoiado por uma sabedoria e inteligência espiritual, e como pode em troca agir como instrumento dessa inteligência maior, em vez de meramente como um agente do seu próprio interesse. Precisamos estabelecer um equilíbrio sutil – o ego atuando em criação harmoniosa com o Espírito.

O positivo em nós é muito maior do que o negativo. Tudo o que existe é essencialmente bom. Se não houvesse algum bem em cada coisa, elas simplesmente não existiriam. No entanto, essas qualidades positivas às vezes colocam-se entre nós e a Realidade, quando a autoimportância do ego apropria-se delas. O falso ser pode estragar qualquer coisa que alcance. O ego tirânico, que implacavelmente nos conduz, precisa ser reduzido até o seu tamanho apropriado e tornar-se um servo, um mensageiro útil, um amigo. Precisamos do poder de um ego integrado, mas como nosso servo, não como nosso senhor.

A única força que pode de fato transformar esse tirano vem por meio do Ser essencial. Os únicos esforços eficazes são aqueles apoiados por uma sabedoria maior dentro de nós. Transformar o ego não é simplesmente um esforço em um nível, mas uma abertura para um nível superior: a escolha de render-se, de submissão a uma vontade e inteligência maiores. A submissão não é um atributo do ego; não é possível dizer que estamos ficando bons em submissão da mesma forma como podemos melhorar em outras habilidades.

A submissão, a verdadeira atitude espiritual, significa estar ativamente receptivo a uma inteligência maior do que a nossa. É uma intenção de graça e entrega, de ver o mundo como um palco e o Divino como diretor. A submissão tem algo a ver com o relaxamento de tensões, tanto superficiais quanto profundas. O relaxamento mais profundo é o do próprio Espírito.

A trama, no entanto, é cheia de decepções inesperadas, testes e frustrações. Quando imaginamos que estamos prestes a alcançar um ponto de confiança, algo acontece para nos perturbar, como a negatividade de outras pessoas, ou problemas de dinheiro ou saúde. Nossa primeira reação, a resistência, cria tensão dentro de nós; mas se dermos nosso consentimento ao momento, algo se transforma. Podemos descobrir uma oportunidade dentro do desafio. Em outras palavras, tornamo-nos ativamente receptivos e a partir daí podemos agir da maneira apropriada.

Tantas vezes esperamos, tolamente, que a vida exterior seja perfeita e nós mesmos possamos estar perpetuamente tranquilos. Esta é a grande ilusão à qual o ego sente que tem direito. No entanto a liberdade, o relaxamento, a paz que devemos encontrar não são exteriores, e sim interiores. A vida na terra é inevitavelmente uma mistura de opostos: beleza e sofrimento, felicidade e perda, expansão e contração. É uma escola desafiadora – não é a fonte do nosso conforto e segurança. Nosso verdadeiro lar encontra-se na santidade e no amor.

Vivemos em um ambiente onde precisamos lidar com as manifestações negativas de outros egos, assim como do nosso próprio. Tomamos a tensão de nosso ambiente e a produzimos em nós mesmos. É essencial aprender a relaxar dentro das tensões da vida. Não podemos escapar do conflito neste mundo, mas sim aprender a relaxar dentro dele. Isto nada tem a ver com fugir do conflito, e certamente não se trata de reprimi-lo. Esse relaxamento tem aspectos de confiança, entrega e submissão. É necessário um equilíbrio. Precisamos de alguma tensão na vida para não nos tornarmos complacentes e satisfeitos com nós mesmos, mas também precisamos confiar.

O Trabalho existe para nos ajudar a remover tudo o que nos separa da Realidade. Esses obstáculos são as manifestações neuróticas do ego, produzidas pelos vários tipos de tensões físicas, mentais e emocionais, como agressividade, timidez, presunção, insegurança, vergonha, hipocrisia, inveja, ciúme, desconfiança ou ganância. Nesses estados, o ego precisa trabalhar ainda mais para manter a si mesmo e suas ilusões. Podemos não estar cientes de como essas tensões distorcem nossas características e nossas almas.

Mesmo para aqueles que escolheram o Trabalho da transformação, forças negativas às vezes invadem a consciência com uma força surpreendente. Isto é um sinal de que uma parte de nós, pequenina e desesperada, está tentando se perpetuar. Ao sentir-se diante da sua própria aniquilação, ou absorção em algo maior, mas desconhecido, ela se rebelará contra o que parece ameaçá-la, que é nada menos do que o amor verdadeiro, a irmandade e o próprio Trabalho. Essa rebeldia e suas manifestações podem primeiro ser reconhecidas e observadas, e então amorosamente dissolvidas. É possível sermos gratos às nossas falhas, pois elas podem nos manter humildes e cientes da nossa dependência de uma Realidade superior, sem a qual nunca seríamos transformados.

Conforme renovamos nossas intenções espirituais e cultivamos a paciência, a gratidão, a humildade e o amor, passamos a confiar na Beneficência. Neste processo, dissolveremos os nossos medos e tensões mais profundos, que deixarão de ser um fator motivador. Com essa dissolução do medo e da tensão, poderão emergir os atributos positivos do ego – aspiração, diligência, responsabilidade, respeito por si próprio, disciplina e integridade.

> Oh, feliz a alma que via suas próprias faltas,
> e se alguém mencionava uma só falha
> ansiava avidamente responsabilizar-se –
> Pois a metade de cada pessoa
> sempre pertenceu ao reino das falhas,
> mas a outra metade
> pertence ao Reino do Invisível.
>
> RUMI, *MATHNAWI II*: 3034-35

# 14
# Polir o espelho da consciência

Para tudo existe um polimento,
E o polimento para o coração é a lembrança de Deus.
DITO ATRIBUÍDO AO PROFETA MUHAMMAD

Mevlana Jalal ud-Din Rumi disse, "Livre-se de suas preocupações e tenha o coração completamente limpo, como a face de um espelho que não contém imagens. Uma vez esvaziada de formas, todas as formas estão dentro dela. Nenhuma face poderia envergonhar-se de ser tão limpa".

Rumi nos lembra que só é possível termos o coração limpo quando polimos o espelho. O espelho da consciência pode tornar-se livre de todas as imagens, especialmente as de nós mesmos. O processo espiritual, em termos práticos, pode ser compreendido como um polimento consciente do espelho da consciência.

Esse espelho é como uma tela sensível na qual aparecem nossos pensamentos, desejos, medos, expectativas e condicionamentos, e na qual o Espírito pode também refletir-se com pureza. Todos já ouvimos a expressão "fluxo de consciência", uma expressão vaga e que causa confusão, especialmente se pretendemos distinguir o fluxo em si daquilo que flutua nele. Devemos compreender a consciência como o contexto e não o conteúdo. O termo consciência às vezes é usado no sentido do seu conteúdo, como no caso de "consciência ecológica". Mas podemos intencionalmente distinguir o conteúdo da consciência – aquilo que se vê no espelho da consciência ou da percepção – do contexto, ou seja, do nosso próprio sentido de consciência.

Somente quando estamos conscientes, cientes do contexto da experiência, é que podemos discernir o que normalmente guardamos em nossa consciência. Se a consciência humana é como um espelho, esse espelho está normalmente preenchido com os conteúdos de nossa experiência psicológica e sensorial. Como normalmente se encontra tão preenchido de experiências, e porque a nossa atenção é de tal maneira absorvida por esses conteúdos, o espelho da consciência em si raramente é percebido.

Na verdade, o espelho é apenas uma metáfora parcial para a consciência humana, pois ao contrário de um espelho, essa consciência é capaz de refletir muitos níveis de realidade além da física – emoções, pensamentos e percepções mais sutis, como a intuição – e reflete esses diferentes níveis seletiva ou simultaneamente. Existem muitos níveis de ser, mas todos participam do Ser Único.

Na meditação, aprendemos a focar nossa atenção na tela sensível da consciência, em vez de ficar absorvidos em seu conteúdo. Os pensamentos e sentimentos são conteúdos do espelho, não o espelho em si. Quanto mais centrados e despertos estamos, mais podemos vê-los como imagens no espelho.

Além de nos tornarmos familiares com nossos próprios pensamentos e estados de sentimento como se estivessem sendo refletidos, aprendemos a limpar o espelho, ainda que só um pouco. Apenas quando aprendemos a limpá-lo de seu conteúdo superficial somos capazes de descobrir os níveis mais profundos de nós mesmos no espelho do coração.

Todo ser humano tem a capacidade de conhecer muitos níveis de experiência. Todos os níveis que estão abertos para nós – e são muito maiores do que se costuma supor – podem ser experimentados no espelho da consciência humana. O que costuma ser vivenciado nesse espelho, no entanto, é um conjunto acidental e não intencional de compulsões pessoais e condicionamento cultural.

A capacidade de espelhar é limitada pela condição do espelho. Sua capacidade de refletir é reduzida por um resíduo que se acumula sobre ele: a quantidade e qualidade das nossas imagens, pensamentos e sentimentos. O espelho da consciência pura é obscurecido por camadas de condicionamento mental e emocional. Assim como polir um mineral ou uma pedra transforma-os em objetos capazes de refletir, limpar regularmente o espelho da consciência permite a um ser humano refletir a própria luz do Ser. Tal processo espiritual pode ser compreendido como um aprender a refletir cada vez mais esse Ser, conscientemente.

Se pudéssemos limpar o espelho interior, a luz do Ser seria refletida para fora, emanando por nossos olhos. Ao polir o espelho do coração, os resíduos mais óbvios são as nossas compulsões e estados de sentimento negativos – as exigências do falso ser. Devemos primeiro reconhecer, respeitar e renunciar a esses estados negativos. Reconhecê-los nos leva a soltá-los, e cada renúncia é como uma pequena morte. Por meio desse processo, de soltar um pouco a cada respiração, podemos nos libertar da mente compulsiva e experimentar uma liberdade diferente, com uma nova profundidade e elevação.

Uma das primeiras coisas a observar é a presença contínua dos gostos e desgostos, o excruciante conflito entre os opostos. Estamos constantemente preferindo uma coisa à outra, e isso provoca diferentes graus de ansiedade e ressentimento. Costumamos estar tão absorvidos em nossos gostos e desgostos, vontades e desejos frustrados, que raramente os percebemos ou questionamos, e assim permanecemos numa escravidão inconsciente. Nesse estado, não conseguimos estar presentes, abertos e perceptivos, de tão consumidos que estamos pelos conteúdos do espelho. Nossas intenções espirituais mais elevadas e o nosso verdadeiro centro muitas vezes ficam obscurecidos por necessidades e racionalizações, por uma autojustificação e uma compulsão, pela tirania da personalidade reativa.

Por exemplo, às vezes o espelho da consciência fica obscurecido por uma carência compulsiva. Há pessoas que se sentem compelidas a buscar constantemente a atenção dos outros. A cada oportunidade que têm, contam para as pessoas sobre seus problemas, suas experiências e opiniões, a fim de prender sua atenção. Em tal estado, preocupados com a carência compulsiva de sua personalidade, não estão receptivos ao que a Realidade mais ampla tem a oferecer. Seu espelho está obscurecido por essa necessidade avassaladora de receber atenção.

Às vezes, necessidades inconscientes obscurecem o espelho que nos proporcionaria percepções objetivas. Considere, por exemplo, uma pessoa que se sente fortemente atraída por uma determinada característica física no sexo oposto – um certo desenho de sobrancelha ou formato de nariz – e por causa disso torna-se cega para as falhas de personalidade mais óbvias na pessoa que possui esse atrativo físico.

O ego é governado por desejo pessoal. Progride com base nos gostos e desgostos, e na comparação. O ego prefere aquilo que imagina que irá garantir-lhe satisfação e segurança. Assim, produz uma infinita sucessão de desejos e desgostos, um repertório de emoções tais como inveja, ganância, ressentimento, autoimportância e autocomiseração. Por estar tão completamente preocupado consigo mesmo – com seus conceitos, opiniões, emoções e gratificação – o ego se fecha, apartando-se do mundo espiritual e do Ser superior.

O ego não sabe que está adormecido. Julga tudo a partir de sua própria perspectiva e cria um mundo imaginário, separado do mundo real.

Para descobrir os diferentes níveis nos quais deve ocorrer o polimento do espelho da consciência e como o espelho pode ser polido, precisamos cruzar o limiar entre as normas distorcidas de nossa sociedade e o território desconhecido que é o verdadeiro reino da alma.

No tempo em que vivemos, nossos espelhos estão cobertos por camadas de imagens do mundo comercial: poucos lugares na terra estão livres da poluição das propagandas e do entretenimento comercial. Este é o meio da sociedade nos hipnotizar e escravizar. Alguma alma pode chegar a descobrir a si mesma, estando tão preenchida pelas preocupações dessa cultura comercial?

No campo psicológico, o material psíquico (pensamentos, emoções, gostos e desgostos) pode obscurecer o espelho. Um pensamento compulsivo – uma crítica, por exemplo, inconscientemente repetida – contribui para uma acumulação de condicionamento. Gostos e desgostos não examinados cobrem o coração de expectativa. Até as emoções agradáveis, como o encantamento, às vezes são um véu sobre o coração. Precisamos de um estado desperto e uma atenção livre, capaz de discernir.

Se examinarmos de tempos em tempos a qualidade dos nossos pensamentos, nossas próprias preocupações interiores, começaremos a conhecer a nós mesmos como somos. Podemos nos perguntar frequentemente: como é, realmente, a minha vida interior? Quanto sou controlado (ou controlada) por uma ambição, segredos, hipocrisia ou desejo distorcivo? Sem nos deixarmos levar pela culpa ou por uma inocência imponderada, podemos usar o Trabalho para purificar o ser interior do condicionamento, da negatividade e da hipocrisia, a fim de agir de forma mais pura, autêntica e espontânea. O Trabalho existe para harmonizar o exterior e o interior.

No nível das relações e da ética, todos os relacionamentos compulsivos, a manipulação dos outros e as ações que levam à separação obscurecerão o espelho. Nossa falta de cuidado e inconsequência em questões éticas e nas relações humanas nos deixarão presos e emaranhados. Todas as nossas relações devem ser governadas por uma reflexão consciente e um coração sensível. São essas as chaves da consciência.

No mundo material, nossa atividade pode refletir mais ou menos a ordem e a harmonia; neste sentido, é preciso ter atenção com a nossa intenção. Se a intenção for clara e firme, se for periodicamente relembrada e reafirmada, haverá uma integração mental, emocional e prática para sua realização. A pressa, o descuido e a distração ficarão menores. Todos nós temos tarefas e funções a cumprir – ética, psicológica e espiritualmente. Polir o espelho da consciência aumenta a clareza da nossa relação com cada tarefa que temos diante de nós.

Conforme nos aproximamos do que se pode chamar de estado humano são – livre do ego compulsivo – começamos a ver com mais clareza que até os nossos pensamentos não passam de poeira sobre o espelho. Quando chegamos a conhecer o Ser, vemos que é mais vasto e amplo do que o espaço previamente ocupado apenas pelo pensamento. Na verdade, os pensamentos em si não são um problema, como tampouco o são as percepções dos sentidos, tais como visão, audição e paladar. Se aprendermos a estar presentes para todas essas impressões, se estivermos conscientes, reunidos no nosso próprio "eu", estaremos incrementando uma Presença Divina no mundo. O mais importante é não deixarmos que essas impressões apaguem a nossa presença, e tentarmos lembrar, a cada respiração, de nos mantermos alinhados com o Ser.

Será que isso é possível? Somos mesmo capazes de polir os pensamentos do espelho e tornarmo-nos essa simples presença? Podemos ser tão reflexivos que nossos pensamentos cheguem a refletir essa luz e claridade?

O trabalho da presença é conectar as partes separadas, os diferentes níveis – desde as energias físicas, passando pelas energias conscientes e sensíveis até os níveis das energias criativas, cósmicas e unitivas. Existem muitos mundos: o mundo mineral, o mundo da natureza, o mundo dos negócios, os mundos mentais e emocionais, o mundo da criatividade, o mundo espiritual e o mundo da união.

Os grandes profetas vieram para relembrar a humanidade do mundo real, da unidade entre as partes e o Todo, da unidade de todos esses diferentes níveis, o que possibilita que uma centelha de amor no nível mais elevado crie e se manifeste nos outros níveis. Os profetas vieram também para nos prevenir sobre os efeitos das ações que não estão em harmonia com esse mundo real. Ser plenamente humano, disseram os profetas, é viver conscientemente, na presença do Divino, em muitos níveis de Ser. Se nos separarmos desse Todo, se perdermos o respeito e o amor pelo Um, caímos na fragmentação e no conflito.

Nosso falso senso de separação e nossa consequente escravidão aos gostos e desgostos encobrem de nós o mundo real. O mundo e as coisas mundanas estão baseados em uma falsa separação. Podemos escolher a ilusão ou a Realidade, a depender se decidimos polir ou não os nossos espelhos.

No mundo do Espírito, o ser humano é uma testemunha. O espelho serve para testemunhar não só o mundo externo, visível, mas também os mundos internos, invisíveis, onde residem as qualidades espirituais. Através da tela sensível da nossa própria consciência, assistimos a cada momento, a cada emanação de luz, à manifestação da beleza infinita, e essa beleza nunca precisa se ausentar do espelho. O que pode aparecer no espelho em um certo momento é um presente, e nunca deve ser subestimado. Conforme polimos o espelho, limpando-o do condicionamento, dos conceitos e do ser falso e reativo, ao olhar em qualquer direção veremos a face da Realidade. "Para cada coisa há um polimento", disse Muhammad, que a paz e as bênçãos recaiam sobre ele, "e o polimento para o coração é a lembrança de Deus."

# 15
# Escuta interior

Já que para falar é preciso primeiro ouvir
Aprende a falar ouvindo.
RUMI, *MATHNAWI I*: 1627

> *Since in order to speak, one must first listen,*
> *learn to speak by listening.*

É possível reestruturar o cérebro a fim de que haja mais percepção consciente. Isso já foi chamado de polir o espelho, acordar do sono, cultivar o testemunho e desenvolver o verdadeiro "eu". Ao mudar o nível de energia do cérebro, podemos ativar um tipo diferente de função cerebral – uma atenção mais fina que se encontra acima dos pensamentos, sentimentos e comportamentos rotineiros e habituais.

Essa presença – essa mente consciente, que escuta – não só abre uma janela para a nossa própria experiência, como também nos conecta à fonte da vontade. A atenção pode ser considerada o primeiro ato da vontade. Ela estabelece a relação entre o observador e a experiência, aumentando o nível de experiência e transformando um autômato biológico em um ser sensível. É essa sensibilidade que diferencia o estado de supostamente estar acordado do experimentar a vida como o presente que ela é.

Quase todos têm alguma área em sua vida na qual se desenvolve uma consciência sensível. Algumas pessoas a encontram na pintura, outras jogando bola, outras em certas situações de contato social e outras, ainda, em um culto religioso. Mas poucas pessoas conseguem sustentar o frescor da consciência sensível no decorrer das circunstâncias de sua vida cotidiana. Em vez disso, a maioria contenta-se com as rotinas e hábitos.

Quando mudamos da atenção passiva para a atenção ativa, ocorre uma mudança vibracional. Quando nossa atenção é passiva, estamos meramente reagindo a estímulos aleatórios no ambiente e em nossa própria psicologia. Somos enfraquecidos e fragmentados pelas várias demandas que ocupam nossa atenção.

Uma atenção ativa, por outro lado, permite que estejamos receptivos e inteiros, ao nos conectar à fonte da vontade, a um sentido de "eu" mais volitivo e consciente, a uma presença unificada e harmoniosa. Ocorre uma mudança no nível de energia. Essa atenção ativa cria mais e mais energia do seu próprio tipo e cada vez mais nos liberta dos processos da mente. Permite-nos escutar os nossos próprios pensamentos e sentir nossos sentimentos com mais clareza. É o começo do processo de conhecer a nós mesmos.

Por meio desse processo, nos libertamos da servidão aos pensamentos e sentimentos habituais. Então, muitos motivadores inconscientes, como a inveja, o ressentimento e o medo, perdem parte de seu poder sobre nós. Somos tirados da escuridão e conduzidos à luz da consciência, onde as contradições emocionais podem ser vistas e resolvidas, onde padrões de pensamento sabotadores podem ser compreendidos e trabalhados.

A escuta para a nossa própria fala interior deve ser praticada em primeiro lugar no contexto da meditação, pois aí pode ser experimentada sob condições relativamente controladas; escutar os nossos pensamentos é diferente de comentá-los. A escuta consciente só é possível com uma percepção intensificada. Os comentários internos, de que estamos cheios, são um exemplo de um pensamento julgando outro, uma parte da mente intelectual comentando a outra. Isto ocorre normalmente em nossa experiência cotidiana e é simplesmente o resultado de termos a mente composta de várias partes separadas, cada uma com suas opiniões e julgamentos.

A escuta consciente ocorre em um nível distinto, com um ponto de vista a partir do qual pensamento, sentimento e comportamento podem ser observados. Se praticarmos essa escuta quando estamos calmos e quietos, focados apenas na tarefa de escutar, veremos como passamos de um ponto em que estamos identificados com o processo de pensar para outro, em que estamos conscientes e relativamente livres do pensamento. Em alguns momentos, temos a experiência de observar o próprio processo de pensamento.

Quando tivermos praticado o suficiente para conhecer essa escuta, podemos tentar introduzi-la um pouco mais na vida de um modo geral. Às vezes, vamos nos perceber no final de um processo de pensamento e acordar dele como quando acordamos de um sonho. Gastamos uma enorme parte do nosso tempo acordados identificando-nos inconscientemente com o processo de pensamento, sem qualquer contato com o momento e a situação presentes, vivendo dentro de nossas mentes.

Se cultivarmos o observador dentro de nós, vamos perceber vários momentos em que nossos processos mentais não estão funcionando de modo criativo ou harmonioso. Esse observador pode começar a ver quando carregamos ressentimento na forma de reclamações corriqueiras, quando nos deixamos levar pela autopiedade ou julgamento, ou momentos em que ficamos escutando gravações antigas com canções tristes.

Se observarmos nossa fala interior, veremos que a cada dia nossos pensamentos aglomeram-se em torno de alguns poucos temas. Um evento, uma conversa ou alguma leitura fará com que disparem reverberações na mente. Alguma situação difícil pode ecoar em nossos pensamentos com uma persistência surpreendente, e esses ecos distorcem ou ao menos tingem outras experiências que nada têm a ver com aquela experiência passada. Esta é uma das formas pelas quais carregamos inadequadamente o passado para dentro do presente. Uma experiência desagradável no trabalho pode ser levada para casa. Dificuldades com um membro da família podem refletir-se em outras relações fora da família. Um certo padrão de pensamento, ativado em uma situação, persiste em outra situação, tornando mais difícil que se conheça o momento presente como de fato é.

Quando estamos inquietos com alguma preocupação, isto absorve a maior parte da nossa consciência, de modo que ficamos ausentes do momento presente. Imagine, por exemplo, que estou no trabalho e recebo uma notícia sobre um gasto inesperado, e fico preocupado por ter que pagá-lo. Ao dirigir para casa, meus pensamentos ecoam essa preocupação. Dirijo inconsciente e automaticamente. Carrego essa preocupação para dentro de casa e talvez pareça distante para as pessoas ao meu redor, sem realmente aproveitar a sua companhia ou dar-lhes minha atenção verdadeira. A depender do grau da minha consciência de mim mesmo, posso não estar realmente consciente do tempo que perdi, nem mesmo do que está ocupando meu pensamento. Em outras palavras, grande parte disso pode estar ocorrendo em um nível inconsciente. Não só o momento presente fica obscurecido, como os conteúdos da minha própria mente podem permanecer desconhecidos, de tão absorvido que está o meu "eu" no que está acontecendo. Nesse estado de identificação com uma fala mecânica, prevalecem repetições emocionais negativas e a força de Vida fica aprisionada; assim, é impossível ter uma vida rica, emocional e espiritualmente.

Mas nem todo o nosso diálogo interior é inútil ou negativo. A mente parece precisar dessa associação livre e do processamento automático para digerir a experiência, para considerar comportamentos alternativos e receber sugestões da mente mais profunda. Esse funcionamento relativamente inconsciente da mente é bastante produtivo quando estamos envolvidos em resolver problemas, fazer verdadeiras perguntas ou nos focarmos em um esforço criativo. Na maior parte dos processos criativos, desde a arte à engenharia, há uma fase de olhar claramente para o que está ali, perguntando-se o que é preciso, formulando a pergunta ou clareando a intenção – ou seja, uma fase de fazer todo o dever de casa necessário – e então se soltar, chegando até a esquecer da questão. É aí que a mente subconsciente pode fazer seu trabalho oculto e mais criativo.

Qual é o lugar da testemunha ou do observador nesse processo? Talvez seja nesse estágio de estruturar uma pergunta ou uma intenção, especialmente nos momentos em que é necessário colocar-se de lado, com paciência, para olhar a situação e perguntar conscientemente o que é preciso. Uma vez que o dever de casa foi devidamente feito, o observador precisa apenas verificá-lo de vez em quando para ver se o processo continua indo na direção da questão ou intenção original. Quando temos uma pergunta verdadeira e um senso de propósito, é mais provável que a mente como um todo funcione de modo harmônico e criativo.

Começamos também, então, a ter cada vez mais experiências de pura presença, livres de pensamento. Ao abrirmo-nos para a vida sem preconceitos, sem o véu do pensamento costumeiro, perceberemos o Ser. Nossos cérebros foram programados ao longo de sua evolução para perceber diferenças. O Ser é fundamentalmente imutável e eterno, portanto bastante fácil de ser ignorado pelo cérebro. Mas podemos treinar a atenção para perceber o Ser, ao mesmo tempo que percebemos mudanças e transformações. Se aprendermos a incluir em nossas vidas essa percepção do Ser, viveremos de modo mais pleno no momento presente. Tendo como pano de fundo esse Ser ou Presença, nossas preocupações e obsessões se tornarão mais claras para nós e seremos capazes de trabalhar melhor com elas, contanto que tenhamos o conhecimento e a vontade de fazê-lo.

Conforme se abre dentro de nós um certo espaço psicológico, por meio da presença consciente, começamos a viver de forma diferente. O pensamento, em vez de ser um processo altamente inconsciente que absorve nossa consciência e presença, torna-se criativo e efetivo. Reconhece possibilidades e constrói imagens. O pensamento consciente abre canais, conecta corações humanos, cura. Como um atributo da Essência Divina, o pensamento completa a conexão entre o mundo invisível da possibilidade e o mundo manifesto das formas.

Se pretendemos aproveitar nossa vida enquanto possuímos esse corpo físico, devemos aprender a usar o pensamento de forma consciente, em vez de sermos usados por ele. Encontraremos algo em nós mesmos que transcende o pensamento e nos tornaremos amigos desse algo. Assim, estaremos vivendo cada vez mais em um mundo do Espírito.

Esses exercícios simples de auto-observação contribuem para uma outra qualidade de Ser dentro de nós, um estado de verdadeira consciência de si e identificação com o Espírito.

# 16

# A dança da personalidade

O livro do sufi não é feito de tinta e letras;
É simplesmente um coração branco como a neve.
RUMI, *MATHNAWI II*: 159

*The Sufi's book is not of ink and letters;*
*it is nothing but a heart white as snow.*

A mente humana possui duas seções principais: uma consciência limitada, que inclui intelecto, emoções e percepção; e uma dimensão expansiva, que engloba muitas faculdades sutis. A seção limitada da mente (que podemos chamar de ego, ou o ser inferior) é governada pela razão e pelo desejo. A dimensão expansiva da mente (que podemos chamar de alma, ou Ser superior) está espontaneamente em comunicação com o Divino.

A mente inferior compreende o intelecto, as emoções e o sentido de ser que eles produzem, o ego. A personalidade é apenas um aspecto desse ser do ego.

A personalidade inclui todos os nossos comportamentos que foram aprendidos – nossos gostos e desgostos, nossas formas de expressão – tudo o que não são as nossas capacidades inatas, hereditárias. A personalidade é produto do condicionamento e da educação. Até mesmo nossas emoções negativas aprendemos por meio da imitação, que é o motivo pelo qual as assim chamadas pessoas civilizadas e cultas podem às vezes exibir um extenso repertório de emoções e comportamentos negativos. Pessoas mais primitivas, de sociedades mais simples, tradicionais, são relativamente descomplicadas, tanto em sua felicidade quanto na decepção.

A personalidade é algo que desenvolvemos a fim de nos relacionarmos com nosso ambiente. Eu *sou* uma alma, uma consciência, e eu *tenho* um corpo e também tenho uma personalidade. Assim como precisamos do corpo, também precisamos da personalidade para viver nesse mundo. Trata-se de um conjunto de hábitos adquiridos, artificiais, para nos relacionarmos com outros seres humanos. Relacionamo-nos com outras pessoas por meio de certos papéis, e há uma tendência de que estes assumam o controle. Conforme aprendemos a observar a nós mesmos e os outros, podemos ver como, praticamente em um piscar de olhos, entramos em diferentes papéis, tornando-nos pessoas diferentes a depender de com quem estamos e em que situação nos encontramos. Uma pessoa pode ser dócil e reticente em um grupo espiritual, mas depois de uns drinques e um pouco de música está prestes a tirar a roupa e dançar em cima da mesa. Outra pessoa pode demonstrar grande afeto e cordialidade com estranhos, mas em relações mais íntimas é introvertida e até rabugenta. Outra pessoa, ainda, é dura e impessoal no mundo dos negócios, mas doce e indulgente com um gatinho de estimação.

Cada um de nós é um conjunto de subpersonalidades. De forma mais ou menos inconsciente, exercemos diferentes papéis a depender de com quem estamos, se confiamos na pessoa, se desejamos alguma coisa e se queremos impressionar ou ser aceitos. Identificamo-nos com essas diferentes personalidades. Nelas nos perdemos e perdemos nossa consciência. Muitas vezes, por sentirmos a necessidade de nos proteger e de evitar o conflito, usamos a personalidade – com todas as suas convenções e mentiras sutis – para deslizar sobre problemas em potencial. Como pessoas educadas e civilizadas, adquirimos muita personalidade na forma de hábitos e convenções, como "faça isso e não aquilo", e de camadas de programação social. Como passamos tanto tempo nos relacionando com outros seres humanos valendo-nos dessa personalidade adquirida, esquecemos de como pode ser um relacionamento verdadeiro. Por exemplo, quando estamos sob pressão e fazemos de tudo para conseguir resolver as coisas, podemos ver outros seres humanos como obstáculos em nosso caminho. No entanto, quando nos relacionamos com os outros como objetos, nós mesmos nos tornamos máquinas com rotinas e programas automáticos.

Não precisamos nos expor completamente, nem insistir em ser sempre transparentes na sociedade. Os níveis mais profundos do coração só podem ser compartilhados quando há uma certa confiança, e a transparência nem sempre é apropriada. O coração precisa de um guardião na porta, e esta também é a função de uma personalidade judiciosa.

Algumas pessoas deleitam-se no jogo de suas personalidades – na interação do seu ser social com o de outra pessoa. Se esse jogo se desenvolve a partir de algo em nós que é consciente, então pode ser cheio de vida, alegria e humor. Mas quando não passa da interação entre duas conchas, qual é contato humano real? A personalidade em si mesma é uma forma de vivacidade, ou é uma forma de hábito e mecanicidade? É possível escaparmos de alguma forma de personalidade em nossos relacionamentos? O mais importante não seria saber se a personalidade manifesta o espírito, em vez de sufocá-lo?

Se a personalidade é um hábito não examinado e inconsciente que governa as nossas relações, a vida e o espírito dentro de nós são estrangulados. Tornamo-nos robôs com um conjunto limitado de experiências, por mais excitantes que sejam algumas dessas experiências. Mas conforme despertamos a alma, a observadora dentro de nós, podemos começar a perceber os hábitos e qualidades da nossa personalidade. Infelizmente, assim que encontramos outra pessoa em uma relação, nossa presença muitas vezes desaparece e os hábitos da nossa personalidade assumem o controle. Mas nesses momentos, quando temos um vislumbre de nós mesmos, particularmente em um relacionamento, podemos começar a sentir o que é real e conectado com nosso Ser essencial, ou alma, e o que é mais artificial. Minha personalidade se desenvolveu a partir de um excesso de autoimportância, ou é restringida pela baixa autoestima? Eu me levo a sério demais, ou normalmente me subestimo? Visto uma máscara de indiferença ou entro em todas as relações com um nível anormal de excitação? Só somos capazes de sentir esses aspectos inconscientes da personalidade a partir de outro ponto de vista, um que está por trás da fachada da personalidade.

O estudo da personalidade é o estudo do ser inferior. Talvez haja raros indivíduos que são criados em um ambiente ideal, com pais maduros e esclarecidos – pessoas que tiveram a oportunidade de desenvolver uma personalidade equilibrada, moldada pela amabilidade, transparência, confiança, generosidade, paciência e outras qualidades da Essência. Mas e quanto à grande maioria de nós, que temos alguma insegurança, desconfiança, inveja, egoísmo e impaciência?

Grande parte do nosso trabalho se dá com o ser inferior, o ego e o intelecto, incluindo a personalidade. Não precisamos trabalhar sobre a alma, o Ser essencial; não há nada a se fazer com ela além de fazer contato, escutá-la e nos tornarmos cientes da sua orientação. É a personalidade que precisa de ajuda e treinamento, mas só pode ser treinada pelo Ser essencial, pela alma. Com consciência, posso usar e direcionar o que tenho. Como um pintor, posso incrementar as cores na minha paleta. As cores que decido usar dependem das necessidades do momento. A alma – que é um raio do Espírito e traz consigo os atributos da consciência, do amor e da vontade – pode dirigir a personalidade.

A personalidade pode ser uma serva da alma, ou pode fazer com que a alma se recolha à insignificância. Podemos viver a vida a partir da consciência da nossa alma, tendo a personalidade como veículo, ou viver partindo apenas da programação social da personalidade – o que significa relacionarmo-nos com a vida de forma superficial e mecânica.

A personalidade pode ser um meio tanto de nos unir em solidariedade com outros seres humanos como de nos separar dos outros graças a seus hábitos de grosseria, exclusividade, superficialidade, comparação e julgamento. Podemos ser o tipo de pessoas que entram em harmonia com os outros e os trazem para relações produtivas, ou podemos ser divisores, exclusivos, invejosos, competitivos e desconfiados, considerando as outras pessoas como "os outros", vendo-os como objetos.

O exemplo dos seres humanos que alcançaram sua intimidade com Deus nos dá um modelo de comportamento e conduta pelo qual se pode assegurar uma segurança moral e saúde espiritual.

Jesus, que a paz e as bênçãos recaiam sobre ele, disse: "Os mansos herdarão a terra". O termo grego para *manso* também tem o sentido de "bem treinado". É útil para nós observar e examinar os impulsos da personalidade, do ego compulsivo, em nossas relações. Precisamos ver como isso resulta em uma desarmonia e observar os nossos estados interiores no momento da ação. A harmonia torna-se possível quando nos esvaziamos de nós mesmos.

Muhammad, paz e bênçãos sobre ele, disse: "Vim para aperfeiçoar as virtudes morais". O exemplo de seu discurso e de seus atos, meticulosamente registrados e preservados, permanecem como um modelo duradouro para uma grande porcentagem da humanidade. Cada ser humano, na medida de sua ignorância, depara-se com perigos, insegurança, alienação e doenças. Nesse mundo, não escapamos das consequências legítimas dos nossos atos. Assim como adoecemos se comemos uma comida que não é saudável, nosso discurso e ações têm suas consequências. Vale a pena lembrarmos de outro dito de Muhammad: "Deus concede uma alta posição aos que são gentis em tudo".

Não precisamos ir muito longe para encontrar exemplos da anarquia da ignorância. Uma vez que o comportamento humano origina-se do egoísmo, da ganância, do medo e das mentiras, as relações são caóticas, os indivíduos, alienados, e a própria sociedade é doente.

A interdependência é uma prática viva. A cortesia, os bons modos e a ação correta são expressões de uma prática que permite à irmandade encontrar sua expressão. É uma prática muito característica do caminho do amor.

Essa prática começa com o respeito. Podemos respeitar o tapete sobre o qual andamos, o copo do qual bebemos, a vela que emana luz. Antigamente, um dervixe não "apagava" uma vela; ele a "punha para descansar". Um dervixe, sabendo que a palavra *dervixe* também significa umbral, sempre pausava em recordação antes de atravessar o umbral de uma porta. Nesse respeito pelas coisas inanimadas está o reconhecimento de uma identidade entre o observador e aquilo que observa. Embora o mundo material não seja tido como a Realidade final, é considerado uma manifestação do Espírito, e é, portanto, digno de respeito.

Se o mundo material merece nossa gratidão e respeito, se os sufis beijam o copo de chá do qual bebem, quão maior é o respeito que devem às criaturas e aos seres? Há uma história sobre Hazrat Ali, um companheiro próximo de Muhammad, que uma vez se atrasou para a oração do amanhecer. O Profeta, que conduzia a oração, estava prestes a começar quando o anjo Gabriel apareceu e pediu-lhe que esperasse um pouco mais. Naquele momento, Ali estava a caminho da mesquita, mas havia acabado caminhando atrás de um velho judeu. Por respeito à idade desse homem, Ali não quis passar à sua frente na rua. Graças a esse respeito, Allah, que não queria que Ali perdesse o benefício da primeira prostração do dia, enviou o anjo Gabriel para atrasar o início das rezas.

Foi dito por Muhammad, "A humildade é o maior ato de devoção". A abnegação interior manifesta-se nas ações da pessoa. Em círculos tradicionais, os estudantes não viram as costas para um professor, líder ou outra pessoa que respeitam, e não apontam a planta do pé diretamente na direção de outra pessoa. Uma pessoa atenciosa oferece um assento para qualquer visitante ou pessoa mais velha, considerando o conforto do outro em primeiro lugar. Nesse caminho esotérico há certos costumes que devem ser observados, nunca como mera formalidade, mas em recordação desse aspecto fundamental.

A personalidade pode servir para ser a lâmpada que reflete nossa Essência – magnificando ou focando a luz da alma – ou pode ser o recipiente que esconde essa luz. Todo ser humano traz consigo uma semente da Essência que existe para ser realizada. Essa essência não tem limites; os limites são impostos apenas pela condição do veículo que a transporta.

# 17
## Integrar o Ser fragmentado

O coração ficou perplexo diante do eterno sentido do "eu":
Esse "eu" irreal tornou-se insípido e vergonhoso à sua vista.
O espírito fez-se contente por esse "eu" sem "eu"
e libertou-se do "eu" do mundo.
RUMI, *MATHNAWI V*: 4138-39

*The heart was bewildered by the eternal "I"-ness:
this unreal "I"-ness became tasteless and shameful in its sight.
The spirit was made glad by that "I"-ness without "I"
and was freed from the "I"-ness of the world.*

A experiência da própria identidade, ou "eu", de cada pessoa, é motivo de um fascínio que começa com a primeira consciência de si mesmo, ainda na infância, e continua por toda a vida. Cada "eu" parece único e tem a sua própria história pessoal. A maior variável na natureza humana é a qualidade característica desse sentimento de "eu". Para alguns, trata-se de um sentimento de distanciamento; para outros pode ser de profunda autovalorização. Para alguns, o "eu" é uma prisão cercada por pensamentos e sentimentos familiares; para outros é um tesouro escondido.

A realização espiritual é uma transformação fundamental do "eu", que passa de uma identidade separada, limitada e contraída para uma que é rica e infinita. É um movimento da separação em direção à união.

Um dos primeiros passos nesse processo é observar e compreender a natureza caótica e fragmentada do ser convencional e compreender que é possível alcançar uma harmonia e integração muito prática. Esse ser integrado é a gota que contém todo o oceano. No centro sem dimensões da nossa identidade encontra-se o potencial criativo da Inteligência Universal.

## FRAGMENTAÇÃO

Estamos permanentemente fragmentados e, no entanto, desejamos ser inteiros. Estamos distraídos, mas desejamos nos concentrar; estamos despertos, mas desejamos estar focados.

Estamos dispersos ao extremo, de tanto ceder o nosso "eu" a cada impulso. Dizemos "meus" gostos e desgostos, "meus" sentimentos e "minha" dor, e reduzimos esse "eu" às proporções das nossas reações pessoais momentâneas. O "eu" torna-se enfraquecido e é absorvido por todos esses estados passageiros. Em um momento é absorvido por um ato compulsivo, inconsciente; em outro momento, por uma vaga ansiedade. De um momento a outro, move-se entre gostos e desgostos, através de várias motivações e preocupações. Sua atenção rapidamente se distrai do que está a sua frente para entrar em um devaneio. Algum sentido de "eu" está identificado com cada um desses eventos, mas pouca presença permanece.

Estamos fragmentados quando nos afastamos do nosso próprio centro. Quando nossa atenção está meramente reagindo a eventos exteriores, ou quando está sendo dominada por algo, ela perde contato com sua própria origem. A atenção é uma faculdade sagrada, mas quando é arrastada pelo que puxa mais forte, ela não tem sua própria força; é apenas uma reação passiva. Se a atenção não estiver conectada à vontade, um ser humano não é plenamente humano.

## O QUE SE PODE FAZER COM A VONTADE
## QUE NÃO SE PODE FAZER SEM ELA?

*Tenho um amigo que costumava ser confiavelmente inconfiável. Se ele ligasse e dissesse que viria fazer uma visita na terça-feira às oito horas, você podia ter certeza de que ele não estaria ali naquela hora. Assim como cada decisão completada conscientemente fortalece a vontade, cada decisão negligenciada debilita a vontade. Pouco a pouco, a vida da pessoa começa a ser controlada por um caos negativo – um caos de desordem, acidente, doença, dívida, fracasso, oportunidades perdidas e assim por diante. Para todas essas coisas, a pessoa pode dar o nome de* liberdade. *Em um certo sentido, ele era a pessoa mais livre que eu conhecia; ia na direção que o vento soprava. De outro ponto de vista, era um escravo dos impulsos. Uma vez ele me perguntou, "O que você pode fazer com a vontade que não pode fazer sem ela?". Naquele momento, ali, ao lado da sua Kombi pintada, eu não tive resposta para lhe dar. O que você pode fazer com a vontade que não pode fazer sem ela? Um dia depois, a resposta veio, clara e simples: ser livre.*

Se perdemos contato com o nosso sentido de propósito, perdemos nossa própria coerência; nossos pensamentos, sentimentos e ações tornam-se incoerentes e até contraditórios. Sentimentos ou motivações que um dia sustentaram nossos objetivos nos abandonam, deixando-nos impotentes e irresolutos. A vida parece ser uma luta contínua, exigindo uma certa quantidade de esforço só para se manter. A luta da vida é em grande medida uma luta para se organizar, para reunir a coerência dentro de nós mesmos.

As distrações e exigências da vida exterior enfraquecem nossa presença. Todos os prazeres efêmeros chegam inevitavelmente a seu fim, e todas as boas intenções deparam-se com ameaças contínuas. Se passarmos o tempo constantemente reagindo às influências exteras, nos restará pouca força para a vida interior. Estivemos dispersos, por isso precisamos ser reunidos. Por termos sido fragmentados, precisamos nos tornar inteiros, reunir a nós mesmos e assim deixar nossa luz tornar-se mais forte. Ninguém pode transformar o ego antes que este tenha se tornado integrado.

A oração ritual – que integra uma série de posturas, uma invocação mental, uma disposição emocional e uma consciência transcendente – pode ser um magnífico exemplo da reunião da atenção. Essa congruência em muitos níveis, fruto da reunião e da recordação, leva à paz interior. Quando essa paz tiver reunido força suficiente, é possível encarar o mundo de uma nova maneira.

## INTEGRAÇÃO

A experiência de estar integrado e coerente parece vir de fora da sucessão de eventos temporais. Essa experiência penetra nosso mundo condicionado como um sentimento momentâneo de inteireza; é composta das nossas energias mentais, emocionais e físicas operando de forma unificada no momento presente. Quando estamos integrados, há uma congruência em nosso comportamento – em nossa linguagem corporal, nossa fala e tom emocional. Não projetamos incongruência ou enviamos múltiplas mensagens. A vontade não está fragmentada.

Aprendemos que a consciência da nossa respiração e presença física podem contribuir enormemente nessa integração. Aprendemos que estar identificados com qualquer função isolada, como pensar ou sentir, significa perder aquela autoconsciência abrangente que chamamos de "presença". É o mesmo que estar sem aquele "eu sou", ou sentido de "eu" que brota do nosso ser mais profundo, além da mente superficial.

A questão essencial aqui é que o ser humano é composto de muitas funções: sensorial, comportamental, emocional, intelectual, psíquica e intuitiva. Quando vivemos no nível energético de autômatos funcionais – o que nossas sociedades altamente tecnologizadas parecem encorajar – operamos de formas mecânicas e habituais. Quando conseguimos funcionar no nível mais elevado de energia sensível, o que significa que toda a nossa atenção é fortemente atraída para a percepção de algo, então toda a nossa atenção passa a estar absorvida em apenas uma de nossas muitas funções. Podemos estar conscientes do pensamento, sentimento ou sensação, mas não há uma consciência global.

O segredo para o desenvolvimento de um ser integrado é estender, intencionalmente, a consciência para mais de uma função a cada vez. Cada função que adentra a consciência acrescenta uma nova coordenada à nossa existência consciente. Se, por exemplo, estamos completamente ocupados com uma emoção e nos tornamos conscientes de nossa respiração ou sensações físicas, geramos mais presença. Se aqueles de nós que vivem principalmente na cabeça, com um pensamento limitado e repetitivo, adicionam uma consciência de algo físico, como a respiração, e entram em contato com seus sentimentos, aumentam enormemente sua presença. Passam a ter mais coordenadas. É como se, no lugar de uma pessoa unidimensional, se tornassem de repente pessoas tri ou quadridimensionais.

Uma pirâmide, cuja base tem em suas quinas o pensamento, o sentimento e a consciência das sensações, e cujo vértice é a presença consciente, é um modelo eficaz do ser integrado. Todas as funções de um nível estão integradas por esse vértice, e nossa inteireza depende disso. A capacidade mais prática, assim como o aspecto mais profundo da oração, depende dessa inteireza. Na vida prática, desenvolvemos uma maestria que nos é dada pela própria presença de um "eu"; esse sentido de "eu" desperto e inteiro costumava ser aprendido pelo sistema de educação das guildas, que treinava mestres artesãos, integrando a prática artística com lealdade, humildade, beleza e valores espirituais. Em nossa vida espiritual, com esse estado de presença adentramos a presença do Espírito com algo mais do que um bem-estar emocional; ficamos diante da face de Deus com respeito e admiração, como um ser humano inteiro.

Há uma força maior, harmonizadora, que opera quando todas as nossas partes estão integradas. Às vezes essa força harmonizadora pode ser produzida pelas circunstâncias, como quando uma forte emoção nos integra temporariamente. Mas se pudermos aumentar nossa habilidade de integrar intencionalmente cada uma das nossas partes em um todo unificado, seremos mestres de nós mesmos, em vez de escravos do ego. Se pudermos nos reunir nesse ponto não dimensional da nossa própria identidade, tudo passa a estar subordinado a esse ponto, a esse "eu". Conforme se desenvolve, esse "eu", essa capacidade de presença, torna-se nossa conexão com a Vida infinita.

Existem dois fluxos no processo de integrar e mobilizar a mente: um movimento interior e um exterior.

Porque temos estado dispersos nas coisas, incluindo nossos pensamentos e sentimentos, podemos primeiro nos integrar internamente, em nosso próprio centro, naquele ponto sem dimensões descrito no capítulo doze, "O Ser essencial". O primeiro passo é, então, reunir toda a atenção, consciência e vontade na direção desse ponto não dimensional de contato com o Espírito, e escutar internamente. Só podemos chegar a esse ponto na nudez e ignorância, deixando para trás todo pensamento, conquistas e poder. Caso contrário nossa atenção se dispersará.

Tendo dirigido a atenção à nossa essência na meditação, rejuvenescemos a partir de dentro de nós mesmos. Não é necessário ter uma direção ou intenção na meditação, além da intenção de estar integrado, mas cedo ou tarde nos deparamos com a necessidade da ação. Só depois de criar um vácuo interior é que podemos novamente nos voltar para fora, com a plenitude da presença.

Quando levada para a ação, a integração pode incluir um certo grau de intenção. Podemos começar com a consciência da quietude, mas se pretendemos estender essa consciência devemos escolher alguma atividade com propósito para nós mesmos. Tanto a escolha quanto o ato de desenvolvê-la são fruto desse integrar e mobilizar. Podemos aprender a integrar e mobilizar tudo o que está dentro da nossa consciência.

Nessa integração, todas as coisas exteriores nos recordam do próprio Ser: onde quer que você olhe está a face do Amigo. Esse processo pode acabar por tornar-se circular; a presença se acumulando dentro de nós e movendo-se para fora, o mundo exterior sendo conscientemente reconhecido e devolvido à sua origem por meio da nossa consciência. Vivemos para o Espírito e o Espírito nos sustenta.

## CORTANDO LENHA

*Durante meus primeiros anos no Trabalho, em uma das raras ocasiões em que pude passar um tempo na casa do mestre de meu mestre, eu e alguns outros homens fomos cortar lenha em um lugar perto de um pequeno lago. O mestre observava uma carpa dourada que havia crescido muito, tornando-se bem grande. Ele caminhava lentamente com uma bengala, uma figura ainda marcante aos oitenta anos, com a cabeça raspada e um tapa-olho preto cobrindo o olho que perdera havia muito tempo. Os peixes nadavam do fundo do lago até a parte rasa, especialmente quando se jogava alguma coisa para comerem.*

*"Quando observo minha mente", eu disse, "o que mais vejo são os pensamentos estranhos e desconhecidos que vêm à superfície e voltam a desaparecer. Tenho pouco controle sobre esses pensamentos."*

*"Essa observação deve ser mantida", disse o mestre, "mas há algo mais que você pode fazer. Pode reunir o pensamento positivo e dirigi-lo para onde quiser. É possível, por exemplo, visualizar pessoas que precisam do seu pensamento positivo e simplesmente dirigi-lo a essas pessoas."*

*Minha receptividade ao que ele oferecia era tão completa que não tive mais nenhuma pergunta ou comentário.*

*Um tempo depois, estava tentando cortar um pedaço de madeira especialmente teimoso, um pedaço de elmo que me fora dado por um dos homens mais velhos, que esperava, suponho, que eu não soubesse como é difícil cortar um pedaço de elmo. Eu o golpeara uma vez e com grande esforço havia*

Integrar o Ser fragmentado

puxado o machado, conseguindo liberá-lo da fibra nodosa que o prendia com cada vez mais força à medida que dava machadadas mais profundas. O mestre se aproximou de nós e disse, calmamente, "Aqui está um exemplo do que estávamos falando. Você golpeou a madeira uma vez. Consegue reunir sua mente e enfiar o machado exatamente dentro do primeiro corte? Tente".

Eu me reuni e dei uma machadada. O machado parou pouco mais de um centímetro à direita do primeiro corte.

"Tente de novo."

Tentei, e o machado parou um centímetro à esquerda.

"Bem", ele disse, "faz tempo que não uso um machado, mas deixe-me tentar."

Quando ele passou sua bengala para um de nós, quase ficamos surpresos que ele pudesse sustentar-se sem ela. Ele se preparou e golpeou a madeira.

"Agora puxe", disse ele.

Quando puxei o machado, havia apenas os três cortes.

O machado parecia ter acertado exatamente no corte do meio.

"Agora tente de novo – mas com força suficiente para parti-lo ao meio."

Peguei o machado de sua mão, e com uma clareza e confiança que nunca sentira antes, golpeei o elmo com o machado até o fim, deixando as duas metades no chão.

# 18
# Mistérios do corpo

Somos abelhas, e nossos corpos são o favo de mel:
Fabricamos o corpo, célula por célula, como cera de abelha.
RUMI, *MATHNAWI I*: 1813

*We are bees, and our bodies are the honeycomb:*
*we have made the body, cell by cell, like beeswax.*

Qual é a importância de estar encarnado? E o que é que está encarnado?

Tendo superado o dualismo mente-corpo, a estranha concepção de que mente e corpo pouco têm a ver um com o outro, estamos cientes de que nossas emoções e pensamentos podem influenciar o corpo, e que a condição do corpo pode influenciar nosso estado de espírito. Preciso cuidar da mente, assim como preciso cuidar do corpo, mas o que é esse "eu" que cuida?

Por um lado, aqui estou "eu"; por outro lado, tudo – inclusive esse "eu" – é uma manifestação do Único Energizador de Toda a Vida. Dizer que não há um "eu" é como dizer que não há um carro, uma flor, que não existe terra. Todos esses fenômenos são aspectos da mesma totalidade. Existe algo que é individualizado e, no entanto, essa individualização de alguma maneira integra o todo. Sou a gota ou o oceano? Ambos. Sou a gota que contém o oceano e a gota que pode fundir-se com o oceano e, segundo sua vontade, voltar a ser a gota.

Meu mestre diria, "Você *é* uma alma e você *tem* um corpo." Não é a personalidade que tem o corpo, mas a inteligência transcendente que tem um corpo, uma personalidade e uma mente. É a alma que pode harmonizar o conjunto mente-corpo.

O corpo é formado pelo poder criativo e energizante da Vida e das substâncias dessa terra. Ele surgiu das terras e mares dessa terra. O corpo é material reciclado. A alma faz uso desse conjunto mente-corpo. Por meio da bondade da Fonte da Vida, somos capazes de tocar, cheirar, escutar, ouvir e sentir. Podemos pôr as mãos na terra e plantar um jardim. Podemos nadar nas águas do oceano. Podemos compreender a beleza e o significado de sermos amantes nessa terra. Nossos corpos nos permitem entrar em contato uns com os outros. É tão lindo para uma criança pegar na mão de um avô ou avó quanto para um rapaz sentir os seios de uma moça. É lindo abraçar e sentir a vida em outro corpo. É lindo ajoelhar-se e beijar o chão em louvor.

Algumas vezes, no entanto, tornamo-nos escravos dos nossos corpos, assim como às vezes somos escravos dos nossos egos. Isso porque o corpo é o gerador do desejo e, portanto, gerador de egoísmo e separação.

O corpo foi temido em muitos sistemas de crenças criados pelo homem, mas nenhum profeta jamais o denegriu. Buda defendia o Caminho do Meio entre o ascetismo e a indulgência. Jesus lavava os pés dos seus discípulos! Muhammad disse, "Teu corpo tem direitos sobre ti". Mas pessoas que vieram depois inventaram seus próprios sistemas de crenças que puniam e enfraqueciam o corpo, em vez de fortalecer a alma.

Atualmente, em resposta a esse histórico de repressão, há uma tendência em direção a uma regressão ao corpo, como se a expressão plena da alma fosse emergir pela manipulação do corpo. Talvez as novas terapias corporais possam oferecer uma reparação para a repressão do corpo permitida pela cultura ocidental, mas a alma enfraquecida não pode ser reduzida ao bem-estar corporal, nem a inteligência do corpo, por mais requintada que seja, representa a totalidade da nossa inteligência.

O espírito ama o corpo. Mas quando o conjunto mente-corpo eclipsa a alma, nem o corpo nem a alma estão felizes. É sem dúvida um desafio encontrar a relação correta entre mente e corpo, assim como é um desafio montar um cavalo bravo. O cavalo e o cavaleiro podem ter uma relação na qual a essência bravia do cavalo é expressa e desenvolvida. Se não houvesse cavaleiros, os cavalos correriam soltos em manadas livres e inconscientes, mas graças ao amor do cavaleiro pelo cavalo, pode se desenvolver uma relação consciente que beneficia a ambos. O corpo também pode se beneficiar da consciência amorosa da alma; essa consciência não reprime o espírito e a inteligência do corpo, mas os guia em direção a uma expressão mais plena.

Levar a atenção para a percepção, ou sensação, da nossa corporeidade tem sido um segredo muito bem guardado nas tradições esotéricas. Esse "sentir" é um meio pelo qual podemos usar o corpo para desenvolver uma presença maior. Quando a energia da consciência junta-se à energia do corpo, o organismo todo se espiritualiza, elevando-se a outro nível de experiência. A prática de sentir, de sustentar a presença no corpo, permite que as emoções sejam mais harmoniosas e os pensamentos menos obsessivos.

Os efeitos poderosamente positivos de vários diferentes sistemas de trabalho corporal podem apontar para essa simples prática de consciência dos sentidos, de unir a energia consciente com as energias do corpo. Sentir traz o espírito para dentro do organismo.

Soube do caso de um editor de jornal que visitou a Rússia e testemunhou os cristãos ortodoxos ao rezar, prostrando-se inúmeras vezes. De um certo ponto de vista, essa prática pode ser vista como um rebaixamento do corpo humano; vista de outro modo, é uma forma de rezar com o corpo inteiro. Sendo um protestante de New England, o editor tivera até então poucas experiências que o preparassem para as impressões que essa oração do corpo teve sobre ele. Assistir a isso tocou sua alma tão profundamente que ele abandonou sua carreira de jornalismo e entrou para um seminário.

As artes marciais do Extremo Oriente, tais como o Aikido e o Tai Chi Chuan; as danças sagradas de todo tipo, especialmente os movimentos ensinados por Gurdjieff e o giro dos sufis Mevlevi; a oração ritualística, tal como o Salaah islâmico – todos conscientemente respeitam, integram e desenvolvem a consciência do corpo. Todas essas formas sagradas usam o corpo como um meio para a expressão dos poderes criativos da alma. Além disso, produzem uma integração de todas as faculdades – não apenas as físicas como também as emocionais, mentais e espirituais.

As artes marciais do Extremo Oriente ensinam a presença da mente por meio do equilíbrio e do estado de alerta. Não é possível iludir-se quanto ao seu estado de presença quando há um oponente físico pondo-o à prova. Se você se perde em devaneios, imediatamente torna-se uma vítima. Essas disciplinas treinam a consciência tanto quanto o corpo.

O giro dos Mevlevis requer precisão e aterramento físico. O pé esquerdo nunca sai do chão; o direito repete com exatidão um movimento que permite ao girante mover-se com uma graça extraordinária, sem oscilar nem quicar para cima e para baixo. Ao ver o mundo físico girando ao redor do seu próprio eixo fixo, o *semazen* (girador) Mevlevi repete internamente o nome de Deus a cada rotação. Os braços estão estendidos, em uma expressão de anseio e submissão – a palma da mão direita para cima, recebendo energia espiritual, a palma da mão esquerda para baixo, oferecendo essa energia ao mundo. O *semazen* torna-se um transformador das energias cósmicas por meio da intenção e do amor consciente, e do efeito eletrodinâmico do sistema nervoso humano girando em relação com o campo magnético da terra.

Os movimentos que Gurdjieff trouxe de fontes sufis e outras fontes da Ásia Central não podem ser realizados por meio do pensamento, mas apenas ao permitir que uma inteligência de movimento mais profunda assuma o controle. Esses movimentos comunicam um sentido do sagrado e, no entanto, são como trava-línguas para o corpo. Ao trazer o corpo para uma sequência de gestos e posturas que vão além dos hábitos convencionais do movimento, ativam o sistema nervoso para além de sua estrutura de experiência comum.

O ritual islâmico de oração, praticado cinco vezes por dia, é uma sequência de pôr-se de pé, curvar-se, prostrar-se e ajoelhar, acompanhado pelas afirmações verbais prescritas e versos do Alcorão selecionados e recitados pela pessoa. Só se considera que a oração é válida quando realizada com um estado atento de observação. Fisicamente, o movimento exercita as principais articulações (especialmente a coluna vertebral), massageia o trato intestinal, transmite um reflexo para o fígado, regula a respiração e estimula o córtex frontal do cérebro, ao ser abaixado na direção do chão, deixando por um momento o coração em uma posição mais alta do que o cérebro. O Salaah é uma forma que integra a presença da mente, a precisão mental, afirmação, devoção e alongamento. Sendo realizado cinco vezes por dia durante toda a vida, tem profundos efeitos no corpo e na alma.

## REFINANDO NOSSO SISTEMA NERVOSO

Muitas vezes, quando as pessoas falam sobre trabalho corporal, referem-se a exercitar a musculatura e talvez os órgãos internos. Não devemos esquecer que o corpo é também a respiração, o sistema circulatório, o sistema nervoso e o sistema endócrino, assim como os sistemas elétricos sutis que governam todo o organismo e ainda são pouco entendidos pela ciência.

A maneira como refletimos a energia cósmica única depende da condição desse organismo físico. Portanto, é necessário levar em consideração o relaxamento e a tonificação dos músculos, a purificação dos órgãos internos, a consciência e o ritmo da respiração, a desintoxicação e ressonância do sistema nervoso, e o funcionamento equilibrado e apropriado do sistema endócrino.

Livros inteiros já foram escritos sobre esse assunto, e existem muitos sistemas extraordinários de terapia corporal. Trata-se de uma área tão vasta que é fácil perder-se nela. Embora uma intervenção em qualquer um dos níveis vá ser refletida nos outros, a cura nos níveis mais elevados do Espírito é a mais eficaz. Algumas orientações simples podem ser instrutivas; muitas doenças e perigos podem ser evitados e o organismo como um todo pode ser harmonizado naturalmente quando a alma está desperta e amorosa.

Nós existimos e evoluímos em um mar eletromagnético. Nosso planeta tem um campo eletromagnético de força e frequência características. O mesmo ocorre com nosso sistema nervoso, e não deveria ser uma surpresa que os dois estejam tão intimamente relacionados. A frequência mais alta do campo magnético da terra alcança de oito a dez hertz. Isso corresponde à frequência de ondas cerebrais alfa, o estado de consciência em que nos sentimos mais presentes. Quando nossas ondas cerebrais pulsam a uma frequência maior que dez hertz, ou algo em torno disso, estamos em um estado de pensamento superficial e reativo; sentimo-nos "acelerados." Esse segundo estado, beta, é a condição da sociedade moderna, na maioria das vezes.

Um terceiro estado, theta, é mais lento do que a frequência alfa. A frequência theta, que vai de cinco a seis hertz, é mais comum em um estado de sono, embora às vezes seja vivenciada quando as pessoas estão envolvidas em uma expressão criativa ou acessando o inconsciente. Se pudéssemos entrar conscientemente na frequência theta, conseguiríamos ter acesso ao nosso próprio subconsciente e nossas profundezas criativas.

Uma das formas pelas quais nossas ondas cerebrais podem ser reguladas é por meio da respiração consciente. O estado alfa é facilitado por uma respiração naturalmente profunda e equilibrada, com um tempo igual de inalação e exalação. O estado beta é resultado de uma respiração rasa e irregular. O estado theta, normalmente inconsciente, pode ser facilitado ao aumentarmos a duração do tempo de exalação, como ocorre em muitas formas de canto. A ciência da respiração é complexa e alterar o ritmo da respiração pode às vezes ser arriscado. Ainda assim, precisamos saber o suficiente para sermos como fomos naturalmente feitos para ser, para superar as condições anormais tão comuns em nossos ambientes. Para isso, uma respiração profunda e equilibrada, com gratidão e consciência, nos será de grande utilidade.

Quando respiramos com consciência, recebemos e digerimos as substâncias mais finas que o ar tem para nos dar. O ser é nutrido por meio da assimilação consciente dessas substâncias. Quando respiramos inconscientemente, recebemos o que precisamos para nos manter vivos, mas quando respiramos com consciência nutrimos também a vida da alma. É impossível superestimar a importância da respiração consciente.

Um alimento ainda mais fino é o alimento das impressões – todas as percepções dos sentidos processadas pelo sistema nervoso central. Aqui, também, a consciência é o elixir que transforma chumbo em ouro, a vida sem sentido em Vida eterna, aqui e agora. Se pudéssemos despertar para os sons, cheiros, visões e sensações do nosso ambiente e simplesmente receber essas impressões com uma consciência sensitiva, experimentaríamos mais vida e ativaríamos mais completamente o nosso sistema nervoso central. Grande parte do nosso sistema nervoso tem permanecido dormente porque estamos adormecidos diante da vida. Experimentamos a vida não como ela é, mas através de associações, preconceitos e expectativas.

Nosso sistema nervoso é capaz de uma relação muito mais sutil e perceptiva com a vida, mas nos deixamos ficar entorpecidos. Qualquer um dos sentidos tem a capacidade de despertar essas faculdades sutis. O olíbano, na liturgia da Igreja Ortodoxa Oriental, desperta o coração. O som do sino quando é tocado e depois se dissipa, no início da meditação Zen, estimula o ponto entre as sobrancelhas. As batidas de tambor do xamã contêm um conjunto de frequências que estimulam ritmicamente o sistema nervoso. As sutis entonações e mudanças de tom em algumas formas de recitação corânica despertam vários níveis da mente e do coração. O azul do céu e o verde das folhas têm capacidades específicas de espiritualizar e curar o sistema nervoso – mas apenas à medida que nos tornamos conscientes.

Assim como as impressões da natureza e dos rituais sagrados podem nutrir a alma, outros tipos de impressões são como ingerir uma comida estragada. Quando estamos em um estado negativo, selecionamos do nosso ambiente as impressões negativas. Se nos alimentarmos demasiadamente de impressões negativas, experimentaremos resultados negativos. As imagens apresentadas a nós pela mídia são muitas vezes imagens de violência, feiura, ganância e desarmonia generalizada, e estas não podem contribuir para uma vida interior saudável e harmoniosa – especialmente se as recebermos de maneira inconsciente. Por meio da consciência, no entanto, podemos começar a discernir o que ingerimos e, se formos suficientemente positivos, a transformar as impressões negativas.

"O jejum é o pão dos profetas, o doce bocado dos santos", um mestre nosso costumava dizer. O jejum é a meditação do corpo, e a meditação é o jejum da mente. Jejuar ajuda o corpo a purificar-se das toxinas que se acumulam por meio das impurezas da comida e da digestão incompleta.

O jejum, contanto que não seja excessivo, está baseado em uma relação positiva com o corpo, pois suaviza o peso que o corpo precisa carregar. A indulgência – seja com comida, tóxicos ou desejos – é uma forma de crueldade com o corpo, devido ao preço que este deve pagar pelos nossos assim chamados prazeres.

A purificação faz com que o corpo, especialmente o sistema nervoso, entre em um estado mais disponível. A fome reduz a necessidade de sono e melhora o estado de alerta. Comer até se fartar endurece o coração, enquanto a fome abre o coração e aumenta o desapego. Ao sentirmos fome, são suspensos alguns dos véus entre nós e o que é real; a recordação torna-se uma forma de vida. O jejum tem sido um catalisador para o despertar em todas as tradições sagradas. Em seu livro *Open Secret*, John Moyne e Coleman Barks traduzem da seguinte maneira uma fala de Rumi: "Se o cérebro e a barriga queimam ao limpar-se com o jejum, a cada momento surge do fogo uma nova canção".

Com gratidão por estarmos encarnados, escutaremos o que o corpo tem a nos dizer e o usaremos bem. Como sempre, a gratidão restaura a perspectiva adequada e nos recorda que o corpo é um meio de despertar a alma.

# 19
# Fidelidade e graça

A busca interior vem de Ti.
Os cegos são curados pelo Teu dom.
Sem que buscássemos, Tu nos deste essa busca.
RUMI, *MATHNAWI I*: 1337-38

*The inner search is from You.*
*The blind are cured by Your gift.*
*Without our searching, You gave us this search.*

Uma das mulheres mais intransigentes da história foi Rabiah al-Adawiyya. Ela é um exemplo extremo de fé, uma mulher que não mantinha no espelho de seu coração nada além da verdade.

Malik-i Dinar conta a história de que foi visitar Rabiah e encontrou-a vivendo com poucos pertences: uma jarra quebrada da qual bebia e que usava para se lavar, uma velha esteira de palha e um tijolo que às vezes usava como travesseiro.

"Tenho alguns amigos com dinheiro", ele disse. "Se quiser, posso lhe arranjar algum."

"Malik, você está cometendo um grande erro. Não é o mesmo o meu Provedor e o deles?"

"Sim", ele respondeu.

"E esse Provedor por acaso já esqueceu dos pobres por causa de sua pobreza?"

"Não", disse ele.

"E se lembra dos ricos por sua riqueza?"

"Não."

"Então", ela prosseguiu, "já que Ele conhece o meu estado, por que eu deveria lembrar-Lhe? Se é isso que Ele quer, é isso o que quero."*

Rabiah tinha tanto amor pelo Amigo que considerava quase uma traição querer algo diferente daquilo que ele queria.

Certa vez ela esteve muito doente e Hasan de Basra foi visitá-la. Do lado de fora de sua porta, deparou-se com um homem que chorava. O homem lhe disse, "Trouxe um remédio para Rabiah, mas ela se recusa a aceitá-lo. Se ela morrer será uma perda tão grande para a humanidade!". Hasan então entrou, na esperança de convencer Rabiah a ser sensata e aceitar o remédio. Assim que o viu entrar ela disse: "Se Ele provê para aqueles que o insultam, não proverá para aqueles que o amam? Diga ao homem que está esperando lá fora para não embaçar meu coração com suas ofertas. Meu Senhor sabe bem do que eu preciso, e quero apenas o que ele quer para mim."

Uma das noções mais importantes é a noção de fé. Tanto nos Evangelhos quanto no Alcorão, somos convocados a um estado de fidelidade. Infelizmente, tanto o termo árabe *iman* quanto o grego *pistis* foram muitas vezes traduzidos como "crença". Demasiadas vezes foi dito que é preciso ter fé para acreditar em Deus, que os fatos que nós temos não bastam para termos certeza de Deus, e que acreditar em Deus é um ato de fé. Em outras palavras, a crença em Deus, ou no espírito, não se justifica simplesmente pelos fatos.

A maioria das religiões requerem a crença em certos artigos de fé e uma declaração de fé verbal. Os católicos, por exemplo, precisam acreditar que Jesus é tanto um ser humano como nós, como inteiramente Deus. Dos muçulmanos, pede-se que acreditem no Dia da Ressurreição e nos anjos, e que o Alcorão é literalmente a palavra de Deus. Nesses casos – no que pode ser chamado de "fé convencional" – a fé pode significar a profissão de uma crença.

A fé não é cega ou irracional; pode ser compreendida como uma confiança fundamentada pelo conhecimento. Isso é coerente com a associação etimológica em árabe da palavra fé (*iman*) com "certificação". Compreende-se que a fé tem um aspecto de conhecimento – um conhecimento confirmado pelo coração. O princípio da fé é o conhecimento do Invisível, do Ser Beneficente, um conhecimento por meio do coração, ou das faculdades sutis, pois a Realidade espiritual não é óbvia para os sentidos nem para o intelecto.

A qualidade que deriva da raiz da fé é sugerida pela palavra *fiel*. Não sugere, necessariamente, a crença em doutrina alguma. Ser fiel é ter um único ponto de referência. O amante será fiel ao amado; a mãe será fiel a sua família; o verdadeiro guerreiro será fiel a sua causa. Jesus repreendeu seus discípulos por não terem fé. Até dos próprios discípulos de Jesus podia-se dizer que não tinham uma fé verdadeira; a palavra usada para descrevê-los foi *perversos*, uma palavra que sugere o ato de virar-se em várias direções, num estado de confusão.

Ter fé significa ter um centro, um eixo, um único ponto de referência. No entanto, esse ponto de referência não é necessariamente aparente desde o início; não é algo que possuimos automaticamente. Pelo contrário, o desenvolvimento da fé encontrará muitos riscos e dúvidas, justamente pelo fato de sermos atraídos para tantas direções diferentes, e tão facilmente distraídos.

Para que algo se torne um centro para nós, é preciso que seja magnético de alguma forma. O ponto de referência mais forte, mais magnético, está dentro de nós. Essa conexão com o solo do Ser é essencialmente boa e bela. Nós a encontramos e exploramos ao focar nossa consciência em nosso Ser essencial, por meio do coração.

A humanidade sofre de sua própria incompletude. Sofremos por sermos fragmentos e fragmentados, uma vez que nos sentimos solitários, dependentes, amedrontados e em conflito com nós mesmos, sujeitos a desejos que precisam ser controlados. Vivemos grande parte da nossa vida aferrando-nos a certas coisas e ansiando por outras.

O significado original da palavra *heal*, em inglês – o verbo "curar" – era "tornar inteiro". Podemos ser curados de nossa separação por meio do contato com algo inteiro; podemos saber que não estamos separados do todo, e conhecer o universo ao conhecer a nós mesmos. Isto é uma afirmação de fé, ou de esperança fundamentada pelo conhecimento.

Tradicionalmente, a fé tem sido o passo que se segue ao arrependimento. Se nos arrependemos de nossa incompletude, dos infinitos desejos do ego, e reconhecemos a necessidade que temos de inteireza, é esse o início da fé. Apenas quando reconhecemos suficientemente nossa necessidade é que podemos ser fiéis e obedientes à nossa possibilidade mais elevada. Uma vez que temos esse tipo de fé, ainda que possuamos, nas palavras de Jesus, um pedaço "pequeno como um grão de mostarda" dessa fé, poderemos começar a praticar a constância – quer estejamos limpando janelas ou polindo o espelho do coração.

Assim, já nos afastamos bastante da noção de fé como crença em uma doutrina. É possível dar um passo mais adiante e dizer que a fé é uma função verdadeiramente criativa. Não se diz que com fé todas as coisas são possíveis, e que quando duas pessoas juntam-se em um ato de fé, o efeito é mais que duplicado? Então, de que maneira se pode dizer que a fé é criativa?

Suponha que cada um de nós tem uma certa quantidade de energia psíquica disponível durante toda a nossa vida – ou mesmo durante um dia. Essa quantidade de energia psíquica está sendo continuamente gasta com todos os interesses triviais, pequenas ansiedades, agitações, excitações e decepções que a vida traz. Se pudéssemos persuadir nosso próprio ser a entrar em um estado de ordem e harmonia, e assim pudéssemos

Fidelidade e graça

participar plenamente do que o momento traz, sem sofrer com ansiedades e distrações desnecessárias, e se organizássemos nossa vida em torno de um único valor de poder magnético, o poder do Ser superior, aí então não seria surpreendente que tivéssemos um poder incomum de pensamento e sentimento. Se fazemos de todas as nossas preocupações um único cuidado, o de estar tangivelmente em contato com a Fonte da Vida, essa Vida, esse Poder Criativo, atenderá às nossas necessidades.

## GRAÇA

A filósofa e mística francesa Simone Weil (1909-1943) disse, "Não devemos desejar que os nossos problemas desapareçam, e sim que tenhamos a graça para transformá-los". Muitas vezes, quando desejamos o desaparecimento dos nossos problemas, ignoramos o que poderia mudar em nós mesmos. Ficamos confusos entre a necessidade de mudar as circunstâncias exteriores, que podem não nos agradar, e a necessidade de mudar a maneira como nos relacionamos com elas. Ao identificarmo-nos com certas circunstâncias e condições, podemos cair no ressentimento e pensar que devemos mudar os fatos, quando na verdade o que precisamos mudar é a nós mesmos.

Se pudéssemos encarar o surgimento de cada evento como uma oportunidade de conhecer e desenvolver as nossas próprias qualidades, será que viveríamos com ressentimento em relação ao que surge a cada instante? Quando se tem um centro de gravidade na Essência, surge um sim – o sim do reconhecimento, em vez do não do ressentimento. A dificuldade começa por ser reconhecida, antes mesmo de ser transformada. Os problemas tornam-se como lembretes de que podemos nos conectar com as qualidades infinitas do Poder Criativo.

Ao aprendermos a participar de um certo diálogo com esse Poder – uma conversa interior que é tanto específica quanto espontânea – chamamos à tona as qualidades que precisamos viver plenamente, e as ativamos em nós; solidariedade, coragem, perdão, paciência ou o que quer que seja necessário. Todo problema convoca qualidades do tesouro que está escondido dentro de nós. Aceitar mais responsabilidades e desafios provoca uma maior ativação dessas qualidades.

Quantas vezes pensamos que se estivéssemos livres desses problemas, aí sim poderíamos relaxar e aproveitar a vida! Enquanto isso, continuamos repletos das toxinas psicológicas ordinárias: autocomiseração, ressentimento, raiva, medo, culpa, ciúme e inveja. Precisamos convencer a mente intelectual da estupidez e futilidade dessas coisas e pôr em seu lugar os atributos positivos da humildade, da gratidão, do amor, da coragem, da emancipação, da generosidade, da confiança e da fé. Devemos fazer isso na oficina da mente intelectual até que esteja claramente convencida, pois aí o trabalho será transferido para a mente subconsciente e supraconsciente. Isto é transformação.

A graça está sempre presente. É a Vida que flui da Fonte da Vida. O que precisamos é aprender a recebê-la e nos tornarmos cientes de que está o tempo todo fluindo da Vida. A Vida está dentro de nós. Todas as qualidades de que podemos necessitar estão disponíveis se pudermos formar a conexão correta. As três chaves que destrancam a Fonte da Vida são a humildade, a gratidão e o amor. Quando essas qualidades começam a prevalecer em nossa vida interior, tornamo-nos receptivos à graça.

Vivemos em um tempo em que parece haver pouquíssimos heróis. O significado original de *herói* era uma pessoa favorecida pelos céus e com características semelhantes às de um deus. Um herói não é herói se não tiver humildade; humildade é a nossa consciência da nossa dependência do Espírito, e nossa interdependência com outros seres humanos. Ghandhi, Malcom X e Martin Luther King foram todos exemplos de humildade e heroísmo. Muitas vezes a humildade existe graças à conexão do herói com um objetivo superior: humildade diante de uma grande ideia, diante da infinidade da Vida. É esse tipo de humildade que conduz à formação de uma conexão com a energia criativa infinita.

Fidelidade e graça

Conforme cresce a nossa fé, todas as faculdades e atributos humanos são absorvidos no Amor pelo Um e na busca pela Verdade. Conforme se desenvolve em nós a presença, desenvolve-se também a fé. Tudo se torna harmonizado por essa presença. Finalmente, a presença é unificada no Um.

Para a maioria de nós, o trabalho espiritual consiste em nos perguntarmos internamente como podemos atender de forma positiva às condições da vida, como podemos melhorar as condições ao nosso redor e como, com fé e graça, podemos estar a serviço das necessidades que reconhecemos.

# 20
# A alquimia do esforço

O carregador corre para a carga pesada e a toma dos outros,
sabendo que os fardos são a fundação do sossego
e as coisas amargas, precursoras do prazer.
Vê os carregadores a se esforçarem com o peso!
É o caminho daqueles que veem a verdade das coisas.
RUMI, *MATHNAWI II*: 1834-36

*The porter runs to the heavy load and takes it from others,*
*knowing burdens are the foundation of ease*
*and bitter things the forerunners of pleasure.*
*See the porters struggle over the load!*
*It's the way of those who see the truth of things.*

*Aos vinte e poucos anos, fui viver pela primeira vez em uma comunidade espiritual. Morava com vinte ou mais residentes em construções de tijolo de barro no alto de uma montanha, com uma vista ampla do deserto lá em baixo. Uma certa manhã, quando estávamos liberados da nossa carga de trabalho habitual, que começava de madrugada, eu já ia aproveitar para ler um livro quando apareceu meu amigo John. Ele tinha pego emprestado um caminhão de reboque e queria juntar algumas pedras grandes para um caminho de pedras que ia ser construído. Eu queria desfrutar do meu tempo de lazer, não estava no clima de sair para cavar e ficar carregando pedras enormes. Mas John precisava de mim e menosprezou todas as minhas desculpas, até o ponto em que não tive escolha senão me juntar a ele.*

*Não estava em um estado muito positivo com esses acontecimentos. Mesmo assim, lá fui eu, e me encontrei cavando, não pedras, mas verdadeiras rochas. A ideia de John era que a maior parte da pedra deveria estar enterrada no solo, com apenas uma ponta lisa aparecendo na superfície. A cada vez que eu achava que já tínhamos conseguido o impossível, movendo nossa última rocha, John encontrava mais uma. Levou várias horas até encontrarmos e carregarmos no caminhão as rochas necessárias. Voltamos então para a comunidade, com as rochas bem seguras no reboque, descendo lentamente pelas estradas da montanha. Em pé no reboque, logo atrás da cabine do caminhão, com o vento soprando em minha cara, senti como se alguma concha invisível tivesse se quebrado, e chorei.*

No capítulo anterior, consideramos como a fé e a fidelidade estão no centro de uma vida espiritual saudável. Mas a fé não existe isolada da necessidade de ação. No Alcorão, a frase "aqueles que mantêm a fé [*alathi amanoo*] e fazem o trabalho correto (de reconciliação e inteireza) [*wa amiloo as salihaati*]" aparece inúmeras vezes. A fé gera ação e é completada por ela. A ação significa muitas vezes superar a resistência e os obstáculos.

O esforço é um dos métodos por meio dos quais podemos espiritualizar a mente, ou, em outras palavras, purificar e desenvolver a alma. Quando pensamos sobre a questão do esforço, devemos levar em consideração as forças de afirmação e negação que existem dentro de cada ser humano. Sempre que afirmamos algo dentro de nós, por meio de uma decisão real, inevitavelmente traremos à tona uma força de negação, tanto dentro como fora de nós. Se afirmamos que desejamos nos concentrar, encontraremos alguma distração. Se afirmamos que desejamos estar ativos, encontraremos nossa passividade. Se decidimos dar, encontraremos aquilo que retém, e assim por diante.

Temos dentro de nós um sim e um não, e essa é a base de todo trabalho consciente, espiritual. Algo em nós afirma, enquanto alguma outra coisa nega. Normalmente lidamos com o nosso ambiente por meio da personalidade, que consiste em hábitos condicionados, adquiridos, e em gostos e desgostos. No mundo de hoje, com sua inversão dos valores humanos, a personalidade do ego assumiu a autoridade e a iniciativa; agimos com base no que *ela* deseja e no que *ela* afirma. Mas também temos um Ser essencial, com qualidades tais como a presença, a vontade e o amor. Esse Ser essencial costuma estar soterrado debaixo da nossa personalidade do ego. Com a fé, que é na verdade uma submissão ao nosso Ser superior, nosso Ser essencial pode tornar-se cada vez mais a voz afirmativa das nossas vidas, e a personalidade em si pode então ser cultivada e passar a estar a serviço.

O esforço não deve ser entendido como um conflito entre opostos, mas como a criação de uma presença consciente, um "eu sou". Essa presença inclui a consciência do sim e do não dentro de nós. Está acima do conflito entre todos os opostos, equilibrando-os.

Sem a existência da negação não pode haver trabalho espiritual. A negação nos permite gerar as energias essenciais para o trabalho, dando-nos a razão, a fricção e o fogo para afirmar nossa presença em um nível superior. O mecanismo dos gostos e desgostos continuará sempre, mas por meio da nossa relação consciente com esse mecanismo despertamos o Ser em nós.

## SER E IMPULSO

Nosso trabalho é despertar e realizar a vontade espiritual e a presença, um Ser que não é coagido por gostos e desgostos nem pelas demandas incessantes da nossa personalidade.

Essa vontade espiritual é tão enfraquecida que nos identificamos com cada impulso passageiro. Muitos inimigos internos precisam ser encarados, trazidos para a submissão e finalmente transformados. Então poderemos ser capazes de dizer, como o profeta Muhammad, paz e bênçãos sobre ele, "Meu Satã tornou-se um servo fiel [do Divino]".

Em um ser humano verdadeiro, duas forças operam: em um nível, o potencial de presença; em outro, o impulso, o desejo e o conflito entre gostos e desgostos. Ambos os níveis são necessários; ambos contribuem para as leis operantes da transformação.

Por um lado, todos os impulsos do ego, que surgem da história da nossa interação com o mundo, representam uma força necessária na vida. O poder da individualidade não é essencialmente um poder maligno, mas pode chegar a um excesso quando se separa da unidade da Vida. Nessa condição de separação, o ser dirigido pelo ego torna-se caótico e antagônico com relação à vida.

Nossa vontade essencial e presença estão fora do tempo e do espaço, relativamente livres e puras. Essa presença é mais nós mesmos do que os impulsos com os quais costumamos nos identificar. Algumas pessoas podem argumentar que seguir todo e qualquer impulso é algo natural e espontâneo; pelo contrário, essa reação representa as profundezas do condicionamento e da mecanicidade. Não se trata de livre arbítrio, mas de escravidão. A liberdade encontra-se em uma direção completamente diferente, que é a da vontade consciente, capaz de nos libertar do hábito, do condicionamento e dos comportamentos reativos.

O segredo da transformação é a alquimia do impulso a cada momento. Isto pode manifestar-se como uma restrição na ação e na fala, como cortesia, autodisciplina, generosidade, sutileza ou paciência. É como se cortássemos os espinheiros que aparecem em nosso jardim, abrindo espaço para frutas e legumes nutritivos. Pode ser também que cresça um jardim de rosas, que representa a mais pura beleza e fragrância espiritual e requer o cuidado mais consciente. O poder por trás do ego é assim. Não deve ser morto; deve-se permitir que retorne em formas cada vez mais novas e espiritualizadas.

É por isso que não devemos ceder facilmente ao desânimo, à reclamação ou à autocomiseração. Muitas vezes, essas atitudes são um sinal de que sucumbimos ao que é trivial. Devemos praticar o tipo correto de economia, usando nossa substância e atenção de acordo com nosso objetivo e valores mais elevados. Então, o que foi cortado florescerá. O ego ao qual negamos expressão se oferecerá para servir. Os inimigos se tornarão amigos, e a energia do desânimo reaparecerá como coragem.

O esforço começa com uma decisão e é sustentado pela consciência de um sim e de um não dentro de nós. Por meio desse sentido saudável do esforço, podemos começar a refletir a verdadeira vontade e as verdadeiras qualidades humanas, trazendo maior alegria para nossas vidas. Por meio do esforço é possível estabelecer nossa conexão com o Espírito.

O esforço libera energia para o trabalho espiritual. Normalmente, é o corpo que carrega a força de negação, em forma de desejo. Se permitíssemos que o desejo nos dominasse, se seguíssemos cada desejo, acabaríamos dispersos, enfraquecidos e desfeitos. Podemos, no entanto, combater os incessantes desejos do corpo com a intenção de trabalhar, de afirmar algo superior. A supressão da negatividade não ajuda, pois nunca nos abre ao poder transformador das energias mais refinadas. Buscamos a transformação alquímica da negatividade por meio dessas energias mais finas.

Nosso verdadeiro Ser, esse tesouro oculto, está mais além da nossa consciência e personalidade, mas podemos encontrar um canal que nos conduz a ele. Esse canal é criado por meio da presença de energias mais refinadas em nós, e essas energias são o resultado de um certo trabalho. Sua presença em nosso sistema nervoso nos ajuda a conectar-nos com estados mais sutis de Ser.

# 21
# Objetivo e autoconhecimento

A alma do rato não passa de um roedor.
Ao rato foi dada uma mente proporcional à sua necessidade,
pois sem que haja necessidade, Deus Todo-Poderoso
nada confere a ninguém.
A necessidade é, portanto, a rede para todas as coisas que existem:
o homem tem ferramentas proporcionais a sua necessidade.
Então vamos, aumenta tua necessidade, ó necessitado,
para que o mar da abundância possa crescer em amorosa bondade.
RUMI, *MATHANAWI II*: 3279-80; 3292

*The mouse soul is nothing but a nibbler.*
*To the mouse is given a mind proportionate to its need,*
*for without need, the Almighty God*
*doesn't give anything to anyone.*
*Need, then, is the net for all things that exist:*
*man has tools in proportion to his need.*
*So, quickly, increase your need, needy one,*
*that the sea of abundance may surge up in loving-kindness.*

As pessoas tornam-se obcecadas com suas metas, dirigidas pelo ego, esquecendo-se que o momento presente é a fonte do bem-estar e da realização. O comportamento orientado pelo cumprimento de metas tornou-se alvo de uma análise crítica, com o reconhecimento dessa tendência a tornar os objetivos mais importantes do que a qualidade do processo por meio do qual são realizados. À medida que estamos mais interessados em ter do que em ser, em imaginar nossa gratificação final do que em dar consentimento a esse momento, caímos em uma atividade orientada por metas.

No outro extremo, algumas pessoas usam a espiritualidade como justificativa para sua falta de objetivos e disciplina. Quando vivemos sem exercitar a escolha consciente, falhamos em usar o atributo que nos torna mais singularmente humanos; sem exercitar nossas vontades, vivemos no nível da vida animal. Se um animal tiver acesso a uma droga que lhe traz prazer, como a cocaína, se drogará até morrer. Os seres humanos possuem o raciocínio e a vontade consciente, que lhe permitem esquivar-se de seus impulsos instintivos e comportamento inconsciente. Somos equipados para assumir a responsabilidade por nossa autorrealização.

Podemos aprender muito com a arte do arco e flecha. Na tradição Zen, essa arte é às vezes uma ocasião de treinamento e realização. O arqueiro aprende a acertar o alvo sem tentativas. Muhammad também recomendava o arco e flecha como um passatempo benéfico. Por meio da combinação de arco, flecha e alvo, os três podem tornar-se um; no entanto, sem o alvo, arqueiro e flecha deixam de ter sentido.

Assim ocorre também com a vida interior. Sem um objetivo, ou alvo, a tensão criativa necessária não existe. Quando não praticamos, desperdiçamos a substância da nossa vontade e atenção. No entanto, o objetivo é apenas um aspecto do todo, a ser incluído nesse momento presente, sem obscurecê-lo.

Ter um objetivo definido é algo que deve servir para nos lembrar, não uma limitação. Se esse objetivo desenvolve-se a partir de um anseio espiritual, e não de alguma exigência do ego, então tem a possibilidade de nos conectar com um propósito maior, com o Trabalho de trazer o céu para a terra. Um objetivo tão verdadeiramente espiritual envolveria a ativação da presença ou do Amor; contribuiria, de alguma forma, para o despertar da nossa verdadeira capacidade humana, em vez de meramente alcançar as ilusões e desejos do ego.

As pessoas podem inicialmente ter alguma dificuldade em formular um objetivo, e isso normalmente se dá porque não adquiriram autoconhecimento suficiente. Um dos primeiros objetivos é alcançar um maior conhecimento de nós mesmos – saber que tipo de pessoa costumamos ser. O autoconhecimento é adquirido quando observamos a nós mesmos à luz do Trabalho. Desenvolver um objetivo espiritual útil é uma habilidade baseada na auto-observação combinada a uma noção do que é realmente desejável para a vida humana.

Podemos aprender a observar mais, a captar aqueles momentos furtivos de julgamento, ganância, medo e ressentimento que nos envenenam por dentro; a reconhecer o grau da nossa separação na forma de inveja, ressentimento, orgulho ou hipocrisia. Podemos começar a perceber nossa falta de presença na forma de devaneios ou falatório interior, mentiras inconscientes, desculpas e fofocas. Esta nunca é uma experiência indolor, mas a partir do momento em que nos comprometemos com a busca da verdade, vendo a nós mesmos como realmente somos, devemos ver sem julgar o que vemos.

O trabalho diante de nós inclui uma nova forma de pensar. Quando nosso próprio ego era nosso centro de gravidade, podíamos nos desculpar e justificar, encontrar falhas fora de nós e deslocar a responsabilidade. Com essa nova forma de ver e pensar, temos menos investimento no ego e, portanto, menos para proteger. Também nos tornamos mais sensíveis ao envenenamento da nossa vida interior, que resulta de certos tipos de pensamentos e sentimentos. Antes, o ego – que nunca percebe que está dormindo – podia justificar e desculpar-se, mas agora se sente, às vezes, desarmado. Trazemos para o nosso ser interior um novo conjunto de valores e nos vemos como se fosse com novos olhos. Desejamos nos tornar mais limpos internamente, aceitar a vida sob leis diferentes. Observar a nossa inveja, ressentimento, orgulho e hipocrisia ajuda-nos a diminuir nossa própria ilusão de separação. Trabalhar com maledicência, mentiras e fofocas nos ajuda a preservar a força do Trabalho dentro de nós. Transcender o medo e o julgamento, os gostos e desgostos, libera-nos da prisão do nosso condicionamento.

## TRABALHO COM AS FRAQUEZAS

Conforme nos tornamos mais enraizados no autoconhecimento, é possível começar a trabalhar com nossas fraquezas. Fraqueza leva a fraqueza, assim como força leva a força. É importante focar em uma fraqueza particular e começar a trabalhar com ela. Por exemplo, alguém que tem uma tendência a comer em excesso, ou tem algum hábito compulsivo, como fumar ou fofocar, pode decidir trabalhar com essa tendência. Se temos o hábito de ser críticos com os outros, podemos tentar suportar algumas das coisas de que não gostamos. Se somos impacientes, podemos praticar a paciência. Se costumamos não conseguir completar os ciclos, podemos nos determinar a completá-los. Se às vezes não cumprimos nossa palavra, podemos decidir fazer mais do que falamos. Se somos mesquinhos e tendemos a não pagar a nossa parte, podemos cultivar a generosidade. Se somos ressentidos ou amargurados, podemos praticar a gratidão. Se somos egoístas e possessivos, podemos decidir dar algumas coisas que são preciosas para nós. Se somos preguiçosos, podemos exigir mais de nós mesmos. Se tendemos a nos considerar muito especiais, podemos tentar ver como somos iguais às outras pessoas. Se temos uma opinião baixa demais sobre nós mesmos, podemos aprender a respeitar quem somos.

Qualquer tentativa de trabalhar com uma fraqueza deve ser abordada de forma inteligente e sensível. Nossa escolha de uma fraqueza sobre a qual trabalhar deve estar baseada na observação cuidadosa e no autoconhecimento. Com esse autoconhecimento, torna-se possível um objetivo pessoal verdadeiro; observamos a nós mesmos por tempo suficiente para iniciar algum trabalho específico sobre o tipo de pessoa que habitualmente somos. Um objetivo pode ser amplo demais, difícil demais ou simplesmente inapropriado. Um objetivo deve ser específico e alcançável, e deve ser coerente com o objetivo geral do Trabalho, que é despertar.

## TRABALHO PARA O DESPERTAR

Trabalhar para despertar é remover a atenção, ou consciência, do fluxo contínuo de eventos e cultivar uma consciência que inclui os eventos, pensamentos e sentimentos, mas não é totalmente absorvida ou identificada com eles. Envolve uma intenção, acima de tudo, de estar ativamente receptivo, de estar vivo com sensibilidade e atenção, e não inteiramente identificado com nossos condicionamentos. A intenção de estarmos despertos é fortalecida quando decidimos interromper nossa inconsciência, programando alarmes intencionais para nós mesmos. Alguns exemplos simples disso podem ser despertar a presença antes da primeira garfada em uma refeição, a cada vez que passamos por uma porta, sempre que um telefone toca ou sempre que usamos a palavra *eu*.

Desenvolver a vontade, trabalhar com intenções claras, completar ciclos, manter as nossas promessas e chegar na hora marcada são todas coisas que contribuem para despertar e manter-se desperto.

## TRABALHO PARA O EQUILÍBRIO

Outra série de objetivos tem a ver com tornar-se equilibrado. Com uma consciência equilibrada, somos capazes de pensar sem sermos dominados por nosso pensamento, de sentir mas não sermos tiranizados pelos nossos sentimentos, e de cuidar do nosso corpo sem nos tornarmos seus escravos. Os intelectuais, por exemplo, talvez precisem trabalhar com seus corpos, ou desenvolvendo sentimentos, enquanto pessoas que são de um tipo mais físico e instintivo podem desenvolver a mente por meio do estudo. As pessoas que vivem principalmente de suas emoções podem atenuar seu sentimentalismo, autocomiseração ou raiva por meio do pensamento correto.

## DECISÃO

Quando um objetivo é visualizado e decidido, deve ser fielmente realizado. Cada decisão que é posta em ação, não importa quão pequena seja, contribui para o desenvolvimento da vontade consciente e da liberdade, enquanto cada ação sobre a qual não atuamos nos destitui de vontade. Fazer decisões conscientes e completar ciclos, com a prática, torna-se um meio de vida saudável.

O exercício da vontade por meio da decisão consciente é nosso direito de nascença. Se não conseguimos desenvolver um sentido de nós mesmos integrado e viável, não chegamos a nos elevar ao nível de verdadeiros seres humanos. Mas o desenvolvimento da nossa humanidade tem seus paradoxos; em um momento falamos de integrar o ser e no próximo, de transcendê-lo.

# 22

# Emancipação do medo

Olha só para ti mesmo, tremendo,
com medo da não-existência:
sabe que a não-existência também teme
que Deus a transforme em existência.
Se te prendes a dignidades mundanas,
é também por medo.
Tudo, exceto o amor pelo Mais Belo,
É na verdade agonia. É uma agonia
ir em direção à morte sem beber a água da vida.
RUMI, *MATHNAWI I*: 3684-87

> *Look at yourself, trembling,*
> *afraid of non-existence:*
> *know that non-existence is also afraid*
> *that God might bring it into existence.*
> *If you grasp at worldly dignities,*
> *it's from fear, too.*
> *Everything, except love of the Most Beautiful,*
> *is really agony. It's agony*
> *to move towards death and not drink the water of life.*

A jornada espiritual pode ser caracterizada, do começo ao fim, como a superação do medo. Uma filosofia e metodologia inteiras poderiam ser desenvolvidas em torno desse fato. O medo dá forma ao falso ser e abastece seus desejos. Nossa preocupação com o medo é o maior obstáculo entre nós e a vida abundante que podemos chegar a conhecer.

Como diz Rumi, grande parte da vida humana é na verdade agonia – disfarçada e inconsciente, talvez, mas ainda assim uma agonia de grau inferior, prolongada por medos e desejos não satisfeitos. A condição humana é governada pelo medo. Temos medo de perdas imaginárias e de dificuldades que podemos nunca encontrar. Uma tendência ao medo, oculta, perpassa grande parte das nossas relações. Um homem pode ter medo dos filhos de seu vizinho; os empregadores podem ter medo das pessoas que empregam; trabalhadores podem ter medo do seu patrão; e o patrão pode ter medo do advogado de alguém, que por sua vez pode ter medo do seu próprio filho.

Rodeados por nossos confortos materiais e embalados por nossa independência imaginária, dificilmente perceberemos a dimensão dos medos que nos controlam. No entanto, inconscientemente carregamos medos irracionais e imaginários que não só desgastam a nossa felicidade como também impedem a afluência do Espírito. Quanto mais o nosso sentido de identidade e bem-estar depende do que possuímos ou do que os outros pensam de nós, menos conscientes somos do nosso valor intrínseco e, consequentemente, mais escravizados pelo medo da perda.

A transformação do medo pode servir como um exemplo de como qualquer emoção negativa pode ser mudada. A presença é capaz de curar nossa resistência subconsciente e nos despertar para o bem-estar essencial. A presença é *ver*, é sustentar uma relação consciente com o nosso estado. No entanto, na maior parte do tempo estamos tão identificados com esse estado que imaginamos que somos apenas isso. Nossa primeira necessidade é fortalecer o desejo de estar desperto, de ser um observador objetivo de todos os nossos estados. Por meio da respiração consciente, de estarmos enraizados no nosso corpo, da meditação e do movimento consciente, podemos cultivar o estado de presença. Com presença, é possível começar a perceber como nos comportamos, abrir-nos para os nossos sentimentos, refletir sobre nossas motivações e observar nossa vida interior. Assim, aumentamos o entendimento sobre o quão determinante é o medo em nossas vidas.

A presença proporciona espaço; uma dimensão espacial ao redor das nossas experiências, tanto interna quanto externa. Em um certo sentido, o que realmente somos é essa amplitude, ainda mais do que aquilo que preenche o espaço. Com essa amplitude, podemos permitir que a transformação aconteça, que o medo seja visto e até mesmo dissolvido, pelo fato de ser visto.

Podemos começar por perceber os pequenos medos que nos controlam. Temos medo de ser criticados e rejeitados, medo de ficar sozinhos e isolados – são medos persistentes, que nos esgotam por não termos consciência deles. Por negarmos sua existência, têm ainda mais poder. Uma vez reconhecidos e examinados, eles perdem grande parte de seu poder sobre nós.

Se identificamos medos específicos que são obstinadamente persistentes, começamos a raciocinar com a mente mais profunda e convencer a nós mesmos que o medo em geral não é razoável, útil ou saudável. Nosso subconsciente foi moldado por associações inconscientes, por uma má educação e uma programação aleatória do ambiente. Ao usar o intelecto, aquela parte da mente que somos capazes de dirigir e controlar conscientemente, é possível reprogramar a mente subconsciente. Podemos abordá-la, conversar e raciocinar com ela.

Uma forma de superar os medos que têm um efeito paralisante sobre nós é sermos determinados e desafiadores. Muitas vezes, tapamos os olhos e ouvidos como crianças, quando o que precisamos é encarar de frente os nossos medos. Podemos, por exemplo, dizer ao nosso subconsciente, "Você tem medo de não ser amado, então esconde o seu verdadeiro ser. Você representa um personagem, com medo de se mostrar como é de verdade.

Mas enquanto isso, sofre mil vezes esse abandono em sua imaginação. Não seria melhor ser abandonado uma vez só, em vez de mil vezes? E não seria melhor não ter que fingir? O seu ser real não é mais amável do que o seu ser que representa um personagem? Como você chegou a se convencer a viver essa mentira? Por que não encarar de uma vez por todas a possibilidade da perda? O que é, afinal, que você tem a perder?".

Esse processo de reflexão consciente é diferente do nosso diálogo interior comum. Quando conversamos conosco mesmos conscientemente, somos motivados pela nossa compreensão mais elevada. Na amplitude da presença, usamos a faculdade da vontade, da escolha consciente, ao recompor a situação de tal maneira que permita sua transformação. O subconsciente de alguma forma foi convencido de que o medo era necessário; agora podemos convencê-lo do contrário. Temos o direito de estar livres do medo desnecessário.

Às vezes lutamos também com o que podem ser considerados medos justificáveis. Temos medo da perda, da dor, da deficiência e da morte. Estes só podem ser transformados pelo ser humano que chegou a conhecer o significado de "morrer antes de morrer". Na disciplina da transformação, essa expressão significa chegar a conhecer nosso lar espiritual, nosso Ser eterno. Não se trata de uma metáfora, mas da descrição precisa de uma verdade psicoespiritual.

Muitas pessoas que passaram por experiências de morte clínica e voltaram à vida sabem que a morte não é algo a ser temido e que a vida é um presente imensurável. Essas pessoas retornam à vida com menos medo, pois experimentaram seu verdadeiro lar metafísico. Ao mesmo tempo, descobriram que esse corpo físico é importante como meio de contato com os outros seres humanos. Sobre o pano de fundo da eternidade, essa vida humana passageira adquire uma nova beleza.

Morrer antes da morte é desapegar-se do nosso corpo físico, do nosso pensamento e emoções por vontade, como uma escolha consciente.

Este é o objetivo de certas formas de treinamento espiritual. Por meio do controle da respiração, do jejum e da consciência sustentada, é possível nos separarmos dos nossos corpos mais brutos – físico, emocional e mental – e montar o corcel da consciência pura. Quando a consciência é separada do intelecto condicionado e do desejo, passa a fazer contato direto com o campo eletromagnético do Amor. A alma então conhece uma maneira diferente de se relacionar com todos os seres dentro desse campo eletromagnético. Quando estamos conectados com esse Amor, ficamos livres do medo e da dominação do ser inferior e dos pensamentos que este gera. Como disse Rumi, "O pensamento é impotente na expressão do amor". O amor é insensato e não calcula os custos; expressa-se por meio da coragem e do sacrifício de si mesmo. Muitas vezes, nosso medo é da falta de amor. Para estarmos livres do medo, precisamos amar muito.

Farid ud-Din Attar (Pérsia, c. 1145 – c. 1221) conta, em seu *Memorial dos Santos*, a história de um grupo de sufis proeminentes que foram denunciados como hereges e acusados de blasfêmia diante do califa de Bagdá. O califa ordenou que se apresentassem na corte. Sem sequer julgá-los, ordenou que esses cinco homens devotos – Abu Hamza, Raqqam, Shebli, Nuri e Junaid – fossem executados imediatamente. O carrasco estava prestes a matar Raqqam quando Nuri se lançou com audácia em seu lugar. Rindo de alegria, gritou, "Mate-me primeiro!".

"Ainda não chegou a sua vez", disse o carrasco, "e uma espada não deve ser brandida com pressa."

"Quero morrer primeiro. Prefiro os meus amigos do que eu. A vida é a coisa mais preciosa neste mundo, e gostaria de dar os últimos minutos da minha vida para servir os meus irmãos. Faço isso ainda que um momento neste mundo seja mais querido para mim do que mil anos no próximo mundo. Pois este mundo é um lugar de serviço, enquanto o outro mundo é o lugar de intimidade com Deus. A intimidade para mim já é aqui, no serviço."

As palavras de Nuri foram reportadas ao Califa, que ficou estupefato e disse, "Se esses homens são descrentes, declaro que não existe na face da terra um único verdadeiro crente". O califa mandou chamar os homens à sua presença e perguntou, "Há algo que eu possa fazer por vocês?".

"Sim", eles responderam. "Esqueça de nós. Não queremos o seu reconhecimento nem o seu desterro. Ambos são, para nós, a mesma coisa."

O califa chorou amargamente e os liberou com louvores.

O estado de emancipação em direção ao qual viajamos pode ser descrito como liberdade do medo da perda. Compreende-se que a vida flui de nós, partindo de uma Fonte de graça incansável, que nunca diminuirá sua doação enquanto estivermos abertos a receber. As pessoas e coisas tão preciosas para nós são materializações de qualidades, e essas qualidades são oriundas da Fonte beneficente. O que temos tanto medo de perder são qualidades que nós mesmos investimos nas formas particulares às quais somos apegados. Confundimos essas qualidades com as *formas* nas quais as descobrimos. Sua beleza é como a beleza da luz do sol que recai sobre uma parede de tijolos:

A luz do sol recai sobre a parede;
a parede recebe emprestado um esplendor.
Por que fixar teu coração em um pedaço de terra, ó simplório?
Busca a fonte que brilha para sempre.
RUMI, *MATHNAWI II*: 708-09

A parede pode desabar ou ser derrubada, mas o sol sempre volta a brilhar. Ser maduro espiritualmente é estar livre do medo da perda, sabendo que estamos conectados à Fonte de toda generosidade.

Jesus disse muitas vezes, "Não temais". Como disse um dos meus mestres, "Um buscador nunca apresentaria o medo como uma desculpa para coisa alguma. O medo não é aceito por alguém que tem uma busca". Então o que devemos fazer a respeito do medo de Deus?

Infelizmente, alguns tradutores usaram a palavra medo em relação a Deus. Mas Deus deve ser literalmente temido? No Alcorão, a palavra *taqwa* é muitas vezes traduzida como "temor", mas pode ser traduzida mais precisamente como "vigilância", "espanto" ou "consciência de Deus". Trata-se da consciência de estar na presença do Amado; é um estado de alerta impecável, que nos mantém conscientes das consequências dos nossos atos. Na presença do Amado, a atenção da pessoa deve estar absorvida pelo Amado. Um amante que esteja sempre inquieto e distraído na presença do seu amado não é absolutamente um amante. O amante tem apenas um medo; o medo de ofender o Amado (que inclui fazer mal a outras pessoas). O medo de Deus liberta o amante de todos os outros medos. Esse é o único tipo de medo adequado para alguém que corteja a Verdade.

# 23
## Sofrimento imaginário e real

Se desejas que tua desgraça termine,
busca também perder a tua sabedoria –
a sabedoria nascida da ilusão humana,
aquela que não conta com a luz
da Graça transbordante de Deus.
A sabedoria deste mundo aumenta a dúvida;
A sabedoria da fé te lança ao céu.
RUMI, *MATHNAWI II*: 3200-03

*If you wish your misery to end,*
*seek also to lose your wisdom –*
*the wisdom born of human illusion,*
*that which lacks the light*
*of God's overflowing grace.*
*The wisdom of this world increases doubt;*
*the wisdom of faith releases you into the sky.*

Dois tipos de sofrimento podem ser reconhecidos neste mundo: um é imaginário, o outro, real. Dissolver os sofrimentos imaginários prepara-nos para aguentar o sofrimento real. O sofrimento imaginário vem das nossas ilusões a respeito da vida e de nós mesmos. Se somos dominados pelo falso ser, sofreremos com todas as negações e a resistência mal colocada que este oferece para a Realidade. Esse sofrimento imaginário, ora trivial e ora intenso, é algo que criamos para nós mesmos.

O sofrimento real tem a ver com a natureza do mundo em que vivemos. Parte desse sofrimento provém de causas naturais, como doenças, acidentes, desastres e morte, e grande parte dele, incluindo pobreza, fome, poluição, ódio, crueldade, violência e tirania, são resultado de ações humanas inconscientes. Enquanto o ser humano for inconsciente e dominado por desejos egoístas e ilusórios, não há deus que nos obrigue a mudar. Mas como demonstra a história da revelação na terra, alguma orientação chegou para todas as comunidades e nações. Por meio de mestres, santos e profetas, por meio de textos sagrados e tradições orais, a humanidade tem sido lembrada e avisada. A inteligência cósmica sempre esteve em comunicação conosco; o peso da responsabilidade encontra-se em cada um dos corações humanos.

Os fiéis, os crentes, são aqueles que reconhecem, tanto por meio da reflexão quanto do coração, que existe uma beneficência invisível. Por outro lado, os não crentes, aqueles que negam a natureza espiritual da Realidade, seguem apenas o deus dos seus egos. Sua vontade cria desarmonia e injustiça; suas ações espalham corrupção sobre a terra. Dominados por suas ilusões, estão destinados a sofrer por estarem fora de harmonia, ao mesmo tempo que contribuem para o sofrimento objetivo do mundo.

Os que vivem na negação existem em um mundo de ilusões criadas por eles mesmos, raramente vislumbrando o mundo real, o mundo que o coração conhece. Para além da concatenação de fatos absurdos e sem sentido criados pelo falso ser, há um mundo de abundante generosidade e misericórdia. Além da zona da tentação e dos testes, descrita pelas religiões do medo, e além daquela versão sentimental da Realidade baseada meramente no pensamento mágico, existe um mundo real de graça e rigor, onde as almas são criadas.

Os sufis descreveram uma Realidade unificada que compreende níveis cada vez mais refinados de sutileza, possíveis de ser experimentados pelo coração e a consciência humana. Pode-se classificar em duas categorias principais os atributos dessa realidade: Misericórdia e Severidade. De um lado estão as qualidades da benficência, da misericórdia, da intimidade e da beleza; do outro, as qualidades da majestade, do poder e da ira. No entanto, as qualidades da Misericórdia têm precedência sobre as qualidades da Severidade – a Severidade está a serviço da Misericórdia. Nessa visão verdadeiramente holística da Realidade, tanto a ternura quanto a destrutividade têm seu lugar. Em um *hadith qudsi*, um dos ditos transmitidos pelo Profeta Muhammad, Deus diz, "Refugie-se em Minha Misericórdia da Minha Ira. Refugie-se em Mim de Mim". Em outras palavras, ainda que o sofrimento seja um aspecto muito real da vida, podemos nos refugiar desse sofrimento no Divino.

O sofrimento do mundo nos guia em direção à Realidade do Espírito, e isso é uma Misericórdia. A Realidade nos ensina por meio dos opostos e dos contrastes. No devido tempo, chegamos a conhecer e apreciar a necessidade do equilíbrio entre as categorias de Misericórdia e Severidade. A precedência da Misericórdia, no entanto, aparece quando descobrimos que mesmo a Severidade é uma forma disfarçada da Misericórdia. Como diz Rumi:

A dor é um tesouro da Misericórdia;
A fruta é suculenta quando tiramos sua casca.
*MATHNAWI II*: 2261

A criança inocente primeiro limpa a tabuleta,
depois escreve letras sobre ela.
Deus transforma o coração em sangue e lágrimas de desespero;
só então escreve nele os mistérios espirituais.
*MATHNAWI II*: 1826-27

Se o sofrimento e o drama deste mundo não fossem reais, não existiria o Amor incondicional. A imperfeição do mundo é o que dá origem à realidade do Amor – um Amor incondicional que ama até mesmo essa imperfeição. O Amor é uma qualidade do que é infinito e não condicionado que penetra neste mundo condicionado e imperfeito, trazendo consigo um gosto de beleza e misericórdia. Se o Amor fosse reservado apenas para aquilo que é amável, não seria cósmico. O mistério e misericórdia do Amor é que nós somos seus receptores, apesar de nossas falhas e fraquezas. Saber disso permite-nos amar até os nossos inimigos, e amar mais esse mundo imperfeito.

Uma das práticas mais comuns entre os sufis é começar as suas atividades recitando internamente "Em nome de Deus, o Mais Compassivo e Misericordioso". A partir da perspectiva não dualista da espiritualidade esotérica, isso quer dizer "Deixe-me ser e manifestar Compaixão e Misericórdia, já que não há outro agente que não o infinitamente Compassivo".

Que a vida no mundo está cheia de sofrimento não se pode negar, mas a espiritualidade não representa um isolar-se desse sofrimento. A presença permite abrirmo-nos para o sofrimento do mundo; compaixão é ser capaz de sentir o sofrimento do mundo sem se afogar dentro dele. Talvez, ao aceitar a nossa qualidade de servos, ao nos abrirmos para o sofrimento do mundo, possamos ser nós mesmos transformados, e assim adquirir as qualidades do Poder Criativo.

> A bondade amorosa é atraída pelo santo
> assim como o remédio vai em direção à dor que deve curar.
> Onde há dor, chega o remédio:
> onde estão as planícies, é para lá que vai a água.
> Se queres a água da misericórdia, sê humilde;
> bebe então o vinho da misericórdia até te embriagares.
> Misericórdia e mais misericórdia sobem à tua cabeça como uma enchente.
> RUMI, *MATHNAWI II*: 1938-40

# 24
# Superação do egocentrismo

Ajuda esse ser obstinado a desintegrar-se;
que por baixo dele possas descobrir a unidade,
como um tesouro escondido.
RUMI, *MATHNAWI I*: 678-83

*Help this headstrong self disintegrate;
that beneath it you may discover unity,
like a buried treasure.*

*Um sufi chegou a um vilarejo remoto onde não conhecia ninguém. Depois de se encontrar com algumas pessoas, viu que o povo desse vilarejo tinha uma estranha fome de conhecimento espiritual. Eles o convidaram a compartilhar o seu conhecimento em uma reunião que organizariam. Embora o sufi não se sentisse completamente confiante de que poderia transmitir conhecimento espiritual, aceitou o convite. Muitas pessoas atenderam à reunião, e ele viu que sua plateia era extremamente receptiva ao que tinha para dizer e, mais ainda, viu que era capaz de expressar os ensinamentos que recebera com uma elegância que nunca havia experimentado antes. Naquela noite, foi dormir sentindo uma profunda satisfação.*

*No dia seguinte, encontrou um dos anciãos do vilarejo. Eles se saudaram como irmãos, e o ancião expressou sua gratidão pela noite anterior.*

*O sufi começava a sentir-se satisfeito com o que havia conseguido. Chegou até a pensar consigo mesmo que havia sido guiado até esse vilarejo para compartilhar a sabedoria que acumulara ao longo de tantos anos de treinamento e serviço. Talvez, se essas pessoas fossem sinceras, ele pudesse ficar com elas por um tempo e realmente oferecer-lhes uma instrução mais aprofundada no Caminho do Amor e da Recordação. Tratava-se certamente de uma comunidade merecedora e sincera. Nesse momento o ancião convidou-o a ir a outra reunião naquela noite.*

*Os aldeãos se reuniram novamente naquela noite, mas dessa vez um deles foi escolhido ao acaso para se dirigir à assembleia. Ele também fez um discurso muito elegante, cheio de sabedoria e amor. Quando acabou a reunião, o sufi encontrou-se novamente com o mesmo ancião. "Como você pode ver", disse ele, "o Amigo nos fala de muitas formas. Aqui somos todos amados, e somos receptivos à Verdade, então a Verdade pode facilmente se expressar. Saiba que nem o 'você' que se sentiu especial ontem à noite, nem o 'você' que se sentiu diminuído esta noite são reais. Deixe que os dois se curvem diante do Amigo interior, se quer encontrar sabedoria e libertar-se do julgamento de si mesmo."*

Há uma atitude subjacente que nos deixa cegos e incapacitados; pode chegar a ser tão difundida que raramente a questionamos. Esta atitude é uma distorção da ordem natural, criada por nossa insegurança e necessidade de atenção, pelo nosso sentimento de separação, por nossa ignorância a respeito da unidade de toda a Vida. O problema é, de certa forma, bastante simples: pensamos demais sobre nós mesmos e da maneira errada. O resultado é a autoimportância (ou o seu oposto: o auto-ódio) e a ganância.

Sempre que pensamos que somos melhores do que os outros, ou quando pensamos "eu quero", estamos pensando em nós mesmos da maneira errada. Quando pensamos de forma diferente – "minha família precisa disso, meu corpo precisa disso, meu trabalho precisa disso, ajude-me a atender a essas necessidades, ajude-me a refletir sua abundância" – aí sim podemos nos abrir para a afluência de energia espiritual.

A autoimportância, a insegurança e a ganância sutil nos tiram da presença e levam-nos à identificação. Não faz diferença se somos gananciosos por coisas que nos fazem mal ou por experiências assim chamadas espirituais – nenhuma destas nos ajuda. A autoimportância e a ganância podem minar nossos esforços em direção ao conhecimento e à presença.

Podemos começar a perceber o momento em que estamos pensando demais em nós mesmos, e passar a dar mais do que receber. Se paramos de pensar em nós mesmos de forma mecânica e compulsiva, podemos melhorar nossa forma de ser o que somos. O verdadeiro serviço é dar a partir de nós mesmos, do que naturalmente somos. Tornar-se um ser humano é aprender a dar, ainda mais do que aprender a meditar ou exercer a nossa vontade. Meditar e exercer nossa vontade não são o objetivo; são coisas que podemos praticar a fim de nos descondicionar e minar nossa autoimportância e ganância.

Por causa do nosso ponto de vista autocentrado e egoísta, somos incapazes de ver as coisas como são. Por estarmos identificados com nosso ser inferior, sofremos com todas as dificuldades que encontramos. Mas essas dificuldades e sofrimentos são uma espécie de misericórdia disfarçada; por meio desse sofrimento somos capazes de aprender a abandonar nosso apego a nós mesmos e alcançar o conhecimento do Ser.

Ao olharmos para a nossa dor, podemos nos dar conta de que estamos sempre sofrendo por causa de nosso apego a nós mesmos e de nossa separação, ou ignorância, com relação ao Um. Nossa dor é o convite do Amigo para entrarmos em sua presença; o sofrimento é o umbral do Um. Como diz Rumi:

Quanto mais desperto se está, mais se sofre;
Quanto mais espiritualmente consciente, mais pálido é o seu rosto.
*MATHNAWI I*: 623

Portanto, não precisamos nos lamentar pelo sofrimento. Podemos aceitá-lo com a compreensão de que ele nos torna mais cientes da nossa identificação com o falso ser e da nossa separação da Verdade. Quanto mais suportamos, conscientemente, o sofrimento e a dor, mais entramos na presença do Um. Quando estamos sofrendo lembramo-nos de nos refugiar no Um. Ao decidirmos entrar no fogo do Amor, aprendemos a receber o que quer que nos seja dado, sem reclamar.

# 25

# Morrer antes de morrer

Quanto o Amado me fez sofrer
antes que esse trabalho se assentasse na água dos olhos
e no sangue do fígado.
Mil fogos e mil fumaças, e seu nome é Amor!
Mil dores e lamentos e aflições –
e seu nome é Amado!
Que cada inimigo do seu próprio falso ser ponha-se a trabalhar!
Bem-vindos ao sacrifício e à lamentável morte do ser!
RUMI, *DIVANI SHAMSI TABRIZ*: 12063

*How much the Beloved made me suffer*
*before this work settled into the eye's water*
*and the liver's blood.*
*A thousand fires and smokes and its name is Love!*
*A thousand pains and regrets and afflictions –*
*and its name is Beloved!*
*Let every enemy of his own false self set to work!*
*Welcome to the self's sacrifice and pitiful death!*

Houve uma vez um rei que fazia generosas doações para as pessoas em necessidade. Um dia, doava para as viúvas, no outro, para os aleijados, no terceiro dia, para os cegos, no quarto, para estudantes pobres. Ele tinha um único requisito: que as pessoas em necessidade esperassem em silêncio. No entanto, houve um pobre estudante que não conseguiu evitar um lamento quando o rei se aproximou. O estudante foi, é claro, ignorado. No dia seguinte, vestiu-se em andrajos e foi esperar com as pessoas que sofriam de doenças, mas o rei o reconheceu. Outro dia, vestiu-se como uma velha viúva, e ainda assim, de alguma forma, o rei o reconheceu. Isto continuou por vários dias, e o rei sempre o reconhecia. Até que, finalmente, se enrolou numa mortalha e deitou-se na beira da estrada. O rei, ao passar por ele, jogou algumas moedas para ajudar com o enterro. Foi então que a mão e a cabeça do estudante apareceram para fora da mortalha, agarrando as moedas de ouro antes que alguém as roubasse. Ao ver que o rei o olhava, ele disse, "Vê como finalmente recebi algo da sua generosidade?".

"Sim", disse o rei, "Mas não antes de morrer!"

Rumi diz:

Eis o mistério de "morrer antes de morrer":
os presentes vêm depois da sua morte, não antes.
Fora a morte, seu ardiloso maquinador,
nenhuma outra habilidade impressiona a Deus. Um presente Divino
é melhor do que cem formas de empenho.
Seus esforços são atacados por centenas de lados,
e o favor depende da sua morte.
Os confiáveis já puseram-no à prova.
*MATHNAWI VI*: 3837-40

Poderíamos reclamar do Amado perguntando "Por que infligir tanta dor em alguém que amas? Queres derramar o sangue dos inocentes?".

O Amado responderia, "Sim, meu Amor mata apenas o inocente".

Dentro de cada ser humano há um vasto Poder Criativo, um tesouro escondido, mas esse tesouro escondido não é algo que possamos possuir. É doce, mas não é algo que possamos consumir. Quando pensamos ser possível nos apropriar de suas qualidades para nós mesmos, causamos um curto-circuito no sistema; a corrente falha. Quando não reclamamos nenhuma qualidade como sendo nossa, paradoxalmente refletimos as qualidades desse Poder Criativo. Diz-se que o Amigo nunca tira de você o seu ser, sem antes lhe dar o Seu próprio ser. Não será preciso preocupar-se com sua vida separada de toda a Vida; sua vida será vista em todas as coisas.

Rumi diz, "Apenas aquele que é inimigo da sua própria existência possui verdadeira existência". Este conselho não serve para os imaturos. Apenas quando pudermos renunciar aos impulsos do ser, pequeno e compulsivo, seremos capazes de nos conectar com a infinita dimensão da mente. *Sem morrer, a alma não pode tornar-se viva.*

O que você pensava tratar-se de seu ser não passa de um fragmento isolado da sua mente, contendo desejos contraditórios, condicionamentos e obsessões. Com consciência e amor, esse falso ser se dissolve como o gelo à luz do sol.

A submissão ocorre quando o ser inferior reconhece o Ser essencial e atua a partir de sua orientação. Trata-se de superar a resistência apresentada pelo ser inferior, de abrir mão das hesitações, dúvidas, medos, equívocos, racionalizações, ressentimentos e desconfianças que nos impedem de expressar as qualidades do Poder Criativo.

Em um estágio mais elevado, quando já se teve um vislumbre da união, a simples sensação de separar-se do Amado torna-se um sofrimento ainda maior do que o nosso sofrimento psicológico comum. Só aí somos capazes de unificar nossa consciência com o Ser essencial e acessar nossa intuição mais refinada. Os impulsos que surgem em nós serão autênticos e apropriados – os impulsos de um verdadeiro ser humano.

Quando formos capazes de ouvir e expressar esse Ser, encontraremos aquilo que é necessário para atender às exigências da vida. Ao colocarmos a mente consciente em ressonância com um ponto interior sem dimensões, que contém todas as qualidades em potencial, cada um de nós torna-se espontaneamente um refletor da Verdade. Poderemos abraçar a vida e aqueles que precisamos amar. Esse ponto interior sem dimensões é o nosso ponto de contato com as qualidades do Espírito. Ao silenciarmos a mente com frequência e nos tornarmos cientes do núcleo do nosso ser, receberemos ajuda da Fonte da Vida. A presença é o centro vazio que atrai e manifesta as qualidades do Espírito.

# 26
# Liberdade da alma

Duas pedras não podem ocupar o mesmo espaço,
mas duas fragrâncias sim.

A liberdade da alma depende da tomada de consciência da nossa existência como a interseção de muitos mundos. Mundos mais elevados têm menos leis e, portanto, maior liberdade. Quanto mais inconscientes somos, mais limitados ficamos, e mais sujeitos a compulsões, à coerção de outras pessoas e a acontecimentos aleatórios. Nosso destino é sermos livres – livres em nossa alma, não em nosso ego. Se nossas almas fossem livres, não sofreríamos com as limitações dessa existência mundana.

A liberdade espiritual depende de sermos conscientes como alma. A alma torna-se viva quando o ser e o Espírito infinito se encontram. No corpo podemos conhecer a limitação. Podemos estar limitados em nossas capacidades físicas, como quando estamos doentes ou fracos. Podemos estar limitados por não poder estar em Katmandu porque temos que estar em Boston. Na melhor das hipóteses, podemos conseguir adquirir suficiente independência financeira para nos permitir circular com mais liberdade, mas talvez essa independência nos custe tempo e esforço. Essa é a natureza da prisão espaço-temporal em que vivemos. A primeira liberdade é dar-se conta de que o mundo material nunca será capaz de nos satisfazer, ainda que estejamos em uma espécie de contrato de aprendizagem com ele. O mundo material, sujeito a tantas leis e restrições, pouco faz pelo nosso Ser. Mesmo se aprendemos a manipular muito bem esse mundo material, ele não necessariamente nos aproxima da própria Vida. Por mais que possamos fazer muito nesse mundo, não é o suficiente. Precisamos ter um desenvolvimento interior, ter contato com um ser e um conhecimento interiores. A desilusão com o mundo material não significa que vamos rejeitá-lo, mas sim que nos lembramos daquilo que ele não é capaz de nos dar.

Na ordem do universo, em níveis mais elevados, existem menos leis. Para usar uma analogia física, duas pedras não podem ocupar o mesmo espaço, mas duas fragrâncias sim. No mundo da existência material sólida, uma pedra tem um peso e uma massa que limitam o que pode fazer. Já a fragrância, por ser matéria em forma molecular, tem poderes de difusão e penetração que lhe permitem espalhar-se a uma velocidade fenomenal, por uma grande distância, em todas as direções ao mesmo tempo. Uma pedra, no entanto, só pode mover-se ao ser movida, e apenas em uma direção, com velocidade limitada pela força que atua sobre ela.

A diferença entre a matéria em estado sólido e em estado molecular é análoga à que existe entre a mente limitada pelo intelecto e os sentidos comuns e a mente que se tornou espiritualizada. Esta última possui certas propriedades que poderiam ser consideradas milagrosas: a habilidade de existir em mais de um lugar ao mesmo tempo, de penetrar a matéria, atravessar barreiras e coexistir no mesmo espaço com corpos de um material semelhante. A sutilização conduz à liberdade. O mundo dos sentidos é o mundo mais restrito em que vivemos.

Além de viver no mundo material – o mundo da percepção sensorial e do ser físico – vivemos em um mundo de emoção e pensamento. Nesse nível também estamos limitados, ainda que um pouco menos. É no nível do pensar e do sentir que criamos uma relação satisfatória com o mundo material. Podemos ser materialmente pobres, mas somos ricos em experiência interior. Este é o nível no qual o significado e o valor sobre-põem-se aos fatos concretos da vida. Pensamentos e atitudes negativas estragam tudo; pensamentos e atitudes positivas afetam e transformam nossas percepções.

Muitas pessoas têm hábitos emocionais que as limitam. Uma criança abandonada pela mãe em tenra idade pode carregar consigo algo desse acontecimento. Uma pessoa que foi envergonhada muitas vezes pode internalizar essa vergonha e adquirir uma autoimagem negativa. Alguém que deixou de ter experiências novas e aventurosas pode se cristalizar em certos padrões rígidos de resposta emocional. A menos que quebremos conscientemente certos padrões e mante-nhamos nossa flexibilidade, acabamos por sofrer de uma limitação emocional. A pessoa cuja Essência não é escravizada pela personali-dade estará menos envolvida com a personalidade e, portanto, menos protetora de sua própria imagem falsa. Alguém que tenha aprendido a tornar-se "nada" será capaz de manifestar o Espírito com um maior conjunto de qualidades.

No nível do pensamento, podemos também sofrer limitações, uma falta de liberdade por meio de conceitos que são demasiado limitantes. A vida social convencional nos enche de conceitos tais como "um homem nunca chora", "uma dama nunca faria uma coisa dessas", "meu país aci-ma de tudo" e assim por diante. No caminho da transformação, é neces-sário despertar do sono do ser social convencional, questionando todos os seus condicionamentos. É preciso observar como certos conceitos e opiniões moldaram a nossa realidade.

Hábitos de pensamento ou comportamento compulsivos e repetitivos fazem com que a pessoa se torne fixada em sua personalidade, estando cada vez mais sob o domínio da personalidade. Ao trabalhar para nos li-bertarmos das formas e emoções do pensamento negativo, podemos nos tornar livres para pensar criativamente, com maior foco e consciência, e abrir nossos sentimentos às impressões do momento presente.

Há um tipo de pensamento, que chamamos de *ilusão*, que nos conduz ainda mais longe do mundo real, a uma escravidão maior ainda. Se estivermos demasiadamente sujeitos à ilusão, acabaremos por ser institucionalizados. Podemos nos tornar tão inconscientes das consequências dos nossos atos que pulamos pela janela pensando que somos capazes de voar, sonhando que somos livres. Com uma ilusão como essa, podemos acabar machucados ou mortos. Um sufi disse, certa vez, "Não podemos quebrar as leis da natureza, mas podemos quebrar o nosso pescoço ao tentar". Será possível que a maior parte da humanidade esteja sofrendo de uma ilusão maléfica, que faz com que fiquem cegos às consequências dos seus atos?

A maioria das pessoas está bem confortável em suas prisões, assim como o periquito que, quando abrimos a porta da gaiola, muitas vezes tenta fechá-la com o bico. Ao ver o pássaro fazendo isso podemos achar engraçado, mas quando as pessoas limitam a si mesmas, temos que chamar esse seu comportamento de idiota, por mais comum que seja. Não se consegue nada com essa ação, a não ser a criação de uma ilusão confortante para sustentar as nossas próprias limitações autoimpostas.

Alguns tipos de pensamento podem nos ajudar a continuar abertos, flexíveis e despertos. Os pensamentos espirituais podem servir como lembretes, como portas para novas percepções. No começo do meu treinamento sufi disseram-me, "O buscador [dervixe ou sufi] encontra-se no limiar entre a liberdade e a escravidão". Um sufi é chamado de filho ou filha do momento, pois aprende a viver na linha tênue da consciência e da percepção.

Alcançamos uma maior liberdade quando nos libertamos do domínio das exigências do corpo, da emoção e do pensamento. Há um nível de consciência em que essas coisas deixam de ter controle sobre nós. Uma maior consciência implica em uma maior escolha e adaptabilidade.

Conforme aprendemos a fazer nosso lar na consciência, ou na presença, sentimos mais liberdade dentro das nossas circunstâncias – mesmo sem transformá-las. Esta pode ser a única verdadeira liberdade. Quando temos esse tipo de consciência, encontramos também um aterramento relaxado no corpo. É bom ter tanta saúde e flexibilidade física quanto possível, assim como é bom ter o máximo possível de saúde e flexibilidade de emoções e pensamento. Mas nenhuma liberdade compara-se à da alma, uma liberdade sem necessidades, expectativas ou preocupações.

A liberdade da alma nos liberta da nossa maior escravidão, as exigências ilimitadas do ego. A maior liberdade está em *ser livre para não satisfazer as exigências do ego*. A liberdade interior consiste em escolher nossa própria atitude e direcionar nossa atenção.

Não existe uma liberdade absoluta. Estamos sujeitos ao mundo material, à genética e a todas as leis da natureza; alguns de nós estão sujeitos também ao dinheiro, sexo ou poder. Em vez disso podemos estar sujeitos ao Espírito, o único poder. Se eu me torno um servo do Espírito, estarei livre de muitas leis; serei responsabilizado por apenas uma coisa, e nisso há uma liberdade. A verdadeira condição de servo é a verdadeira liberdade. Muhammad disse, "Torne todas as suas preocupações um único cuidado, e Deus cuidará de todas as suas necessidades".

O serviço do mundo espiritual é o serviço do Amor, que não implica em cativeiro algum, de tão satisfatório que é em si mesmo. Jesus e Muhammad, em um certo sentido, não eram livres, pois nenhum dos dois tinha escolha – ambos estavam submetidos ao Amor.

Se sofremos por causa do ego, entrando em conflito com os outros ou com nós mesmos, o Amor é o remédio. Que possamos nos tornar sujeitos ao Amor.

Se sofremos em antecipação de algo, ou por memórias do passado, que possamos praticar a liberdade do ser e a confiança no Um. A visão egocêntrica é que tudo acontece no universo por nossa causa. Uma criança cujos pais se divorciam pode acreditar que é de alguma forma responsável pelo divórcio. Algumas pessoas são tão sensíveis que tomam tudo pessoalmente, e algumas são tão mimadas e acostumadas a que as coisas aconteçam do jeito que elas querem que também veem tudo como um reflexo de si mesmas. Em ambos os casos, o que as limita é um sentido de "eu". É essa noção de "eu" que pode sofrer uma mudança positiva.

Estar em relação com o Poder Criativo não pode ser comparado a nenhuma outra forma de liberdade. O que é a liberdade, senão uma conexão espontânea com esse poder? É a liberdade da limitação do ego, uma falta de antecipação ao viver plenamente no momento, a possibilidade de eleger uma atitude e relação com as circunstâncias, uma generosidade e disposição para arriscar-se sem ter medo das perdas, e a ativação da verdadeira desenvoltura no Amor.

A maioria das pessoas está satisfeita com sua escravidão, mas algumas se juntam pois reconhecem uma outra possibilidade. O Trabalho nos informa que a liberdade encontra-se na entrega, na confiança e amizade com o Um. Essa liberdade cresce à medida que descobrimos as qualidades do Amigo em nós mesmos: generosidade, paciência, aceitação, verdade e coragem. Podemos nos emancipar do ego e chegar a conhecer a invulnerabilidade da Essência que somos. Fomos feitos para conhecer a liberdade de uma alma eterna, atemporal, plenamente engajada nessa vida.

# 27

# Tornamo-nos aquilo que amamos

Com quem quer que seja que te desejes casar,
vai e deixa-te absorver por esse amado,
assume sua forma e qualidades.
Se desejas a luz, prepara-te
para recebê-la; se desejas estar distante de Deus,
alimenta teu egoísmo e afasta-te.
Se desejas encontrar uma saída dessa prisão em ruínas,
não dês as costas ao Amado,
faz uma reverência e aproxima-te.

RUMI, *MATHNAWI I*: 3605-07

*Whatever it is you wish to marry,*
*go absorb yourself in that beloved,*
*assume its shape and qualities.*
*If you wish for the light, prepare yourself*
*to receive it; if you wish to be far from God,*
*nourish your egoism and drive yourself away.*
*If you wish to find a way out of this ruined prison,*
*don't turn your head away from the Beloved,*
*but bow in worship and draw near.*

*Um homem pobre estava sentado debaixo de uma árvore em um parque, murmurando baixinho, com enorme carinho, "Ó Deus, Deus, Deus…" Muitas pessoas devem ter passado por ele sem percebê-lo nem prestar atenção, até que alguém lhe disse, com sarcasmo: "Escuto-o chamando Deus, mas não ouço Deus responder". O homem ficou completamente perplexo. Passou-se um tempo e algumas lágrimas escorreram por seu rosto, até que apareceu um mensageiro angelical e disse, "Irmão, o teu Senhor quer que saibas que o teu chamado para Ele é a resposta d'Ele para ti".*

É da natureza da alma ser impressionável e assumir as qualidades daquilo com o qual se identifica, daquilo que deseja ou ama. Se ela se identifica com seu condicionamento social, assumirá essas qualidades. Caso se identifique com desejos aleatórios, refletirá suas contradições. Caso se identifique principalmente com seu instinto, assume qualidades animalescas. Quando se identifica com o Espírito, assume as qualidades do Espírito.

Seja o que for que a alma deseja amar, se parecerá a isto; portanto, é muito importante o que desejamos amar. O amor é a força por trás de todos os níveis da existência. Sempre há algum bem em todas as atrações, mas existe um processo de refinar a atração, de escolher o que amamos, a fim de nos energizarmos por meio de um amor mais amplo e puro.

Em um primeiro momento, o amor opera como atração ou desejo, como eros, uma escolha entre as muitas formas que o mundo material oferece. Buscamos satisfação no âmbito emocional e psicológico. Identificamo-nos com as formas que desejamos, especialmente por meio dos nossos gostos e desgostos, nossas atrações e aversões. Eros é o amor do desejável, do amável, e esse amor é caracterizado pela possessividade.

O amor em outro nível é compartilhar com outras pessoas, ou *philos*. Há uma beleza em simplesmente ser capaz de compartilhar um tempo e lugar com outras pessoas. As relações ampliam o ser e domam o ego. O casamento, a família e a comunidade formam esferas cada vez mais amplas de vida abundante. *Philos* é compartilhar e sentir empatia.

Mas existe um amor maior do que a atração ou o compartilhar, e diz-se que é o amor pelo Espírito; o amor objetivo, ou *ágape*. O Espírito dentro de nós pode amar o Espírito em tudo. Neste amor, amamos o que somos essencialmente. A dualidade entre você e "o outro" se dissolve, e o que permanece é um campo de amor.

O amor está buscando a si mesmo. Esse meio eletromagnético cósmico em que existimos oferece possibilidades de vínculo, relações e comunhão. Nossa abertura, o envolvimento e a capacidade de nos relacionarmos são a medida do nosso amor. Quanto mais nos purificamos do egocentrismo, mais sentiremos os benefícios desse amor.

Aquilo que consideramos mais belo, inspirador e magnético nos fará expressar o que somos. A beleza de cada coisa é o grau de Espírito que existe nela. Às vezes confundimos o glamour, a imitação da beleza, com a verdadeira beleza. O que é a beleza, senão pureza, resplendor e profundidade? A experiência do amor ativará nossas faculdades conscientes e subconscientes. À medida que nosso sistema nervoso se desenvolve, torna-se um instrumento cada vez melhor para pressentir a beleza. Seu amor, sua afinidade, aumentará.

O Espírito é a vida por trás de tudo. Se formos capazes de amar esse Espírito, o encontraremos cada vez mais dentro de nós mesmos, nos outros e ao nosso redor, e assumiremos as suas qualidades vivificantes.


## DISCERNIMENTO

No teatro da nossa própria experiência, podemos chegar a discernir as qualidades do Espírito daquelas do ego compulsivo. O ego está mais preocupado com sua própria sobrevivência, conforto e vaidade. É a fonte da inveja, do ressentimento, do orgulho, da hipocrisia e da culpa.

O Espírito, por outro lado, é internamente acolhedor, paciente, capaz de perdoar, incondicionalmente generoso, humilde sem ser fraco e amoroso ainda que imparcial. O Espírito individualizado, que chamamos de alma, pode aprender a ver além da sua identificação imediata com o mundo material e psicológico.

É o Espírito que nos possui; nós não o possuímos. Tornamo-nos conscientes dele e nos juntamos a ele. Apaixonamo-nos por ele. Por fim, incrivelmente, o ego, que antes fora tão tirano, começa a perder o seu poder e torna-se um servo solícito.

Conforme nos tornamos familiares com o Espírito, o mundo material – com toda a sua diversidade, com tudo o que pode ser ganho ou perdido – torna-se secundário. Não sem importância, mas secundário em termos de prioridade. Tornamo-nos menos dependentes das circunstâncias para o nosso bem-estar; nos sentimos conectados com a Vida e o Espírito.

O que pode, por exemplo, parecer uma perda no mundo material é visto de forma diferente no mundo do Espírito, onde nada se perde. Isto não quer dizer que nosso sofrimento simplesmente desapareça – as perdas continuam a existir. As tristezas da vida fazem com que alguns se tornem amargos e outros se despedacem. No entanto, essas mesmas tristezas podem situar a vida diante do cenário da eternidade e tornar-se uma fonte de frescor, uma energia viva da qual podemos nos nutrir. A agonia de Jesus, a dor de Maria e a submissão de Muhammad são lembretes de que o sofrimento não pode ser evitado – e, no entanto, somos abençoados.

A mesma Vida que deu antes continuará a dar. Sabemos e temos consciência de que o Doador da Vida, o Provedor, o Generoso, o Amado, pode assumir qualquer forma. As pessoas e eventos não perdem seu significado, tornam-se testemunhas e evidência do Espírito, transparentes ao seu brilho. Começamos a ver as qualidades do Criador na criação. O coração é a parte manifesta do Espírito; é ativado por meio do amor incondicional da Vida ao nosso redor. Junto com outras pessoas, incrementamos a nossa Vida.

Se não fosse pela presença do Espírito, este mundo realmente seria uma prisão. Mas com o Espírito, e com a faculdade humana capaz de percebê-lo, o mundo exibe os atributos infinitos do Um. O Espírito Sagrado está por toda parte.

## CONTEMPLAÇÃO ATIVA

Nós nos tornamos aquilo que contemplamos. Dentro da nossa própria Essência descobrimos o Ser Infinito. As qualidades que uma atenção pura percebe às vezes não são qualidades que conhecemos como sendo nossas. Podemos descobrir uma grande beleza na contemplação e no entanto não considerar essa beleza como algo que se origina em nós. Diz-se que "Deus é beleza e ama o Belo". O amor pela beleza, especialmente a beleza espiritual, nos conecta ao Espírito; nosso amor pelo Um é um amor por sua beleza, conforme a conhecemos dentro da nossa própria Essência. Essa beleza invisível descoberta dentro do nosso próprio Ser tem uma contraparte no mundo sensível. O mundo sensível torna-se belo à medida que estamos conscientes dessa beleza invisível dentro do nosso Ser.

Somos despertos por uma nostalgia que nos conduz além do mundo das aparências em direção a novas qualidades contidas no coração. As qualidades latentes na nossa própria essência são atributos divinos. Graças à existência da compaixão divina que se revela para nós, existe a possibilidade de conhecermos o infinito ao conhecermos a nós mesmos, e de conhecermos o atributo divino particular que melhor exemplificamos.

Por que nos aferramos à anonimidade do nosso próprio não-ser, em vez de despertar para o verdadeiro Ser? Talvez nunca possamos entender plenamente a razão. A vontade divina parece ser confrontada com muitos obstáculos. A compaixão divina permite que esses obstáculos existam porque o humano aperfeiçoado chega à existência por meio do sacrifício e do esforço. Não há amor onde não há polaridade; é preciso de dois para fazer Um.

O Um Infinito era um tesouro escondido que ansiava por ser conhecido, e criou o mundo visível e o invisível a fim de que seu tesouro pudesse ser descoberto. Se nos perguntamos o que esse tesouro contém, podemos dizer os nomes divinos, os atributos do Um. Possuímos uma faculdade chamada Imaginação Ativa. Se estivermos despertos para a perfeição do momento, seremos capazes de começar a perceber diretamente o que está por trás dele, por trás das aparências e da forma. Estar desperto para o momento é estar desperto para as qualidades que se manifestam por meio do momento. Conhecemos essas qualidades, pois elas estão enterradas dentro da nossa mente subconsciente, ou coração.

No interior do ser humano completo há um universo. Ao saber o que é um ser humano, podemos determinar a qualidade da nossa relação com o universo mais amplo.

Quanto maior o sentimento da pessoa, maior a resposta do universo, pois o universo é resposta infinita. Quanto maior a inteligência da pessoa (a consciência das inter-relações), mais inteligente parece ser o universo. Ele nos devolve o que nós lhe damos, mas de forma maior.

Temos liberdade intelectual e espiritual. Todos os pontos de vista são possíveis; cada um deles tem alguma validade e será de alguma forma afirmado pelo universo, que abrange todas as possibilidades. Para alguém que está enraizado no desespero, o universo confirmará o desespero. Para aqueles que amam, servem e se recordam, o universo demonstrará valores correspondentes. Nós nos tornaremos aquilo que amamos. Aqueles que clamam a Deus com sinceridade encontrarão a presença viva desse Deus dentro de si mesmos.

# 28

# Amor, o transformador

O amor é imponderado; a razão não.
A razão busca algum proveito.
O amor chega forte, consumindo a si mesmo, impassível.
Em meio ao sofrimento,
o amor age como uma pedra de moinho,
dura e direta.
Tendo morrido para o autointeresse,
arrisca tudo e nada pede.
O amor perde no jogo todos os presentes que Deus concede.
RUMI, *MATHNAWI VI*: 1967-70

*Love is reckless; not reason.*
*Reason seeks a profit.*
*Love comes on strong, consuming herself, unabashed.*
*Yet in the midst of suffering*
*Love proceeds like a millstone,*
*hard-surfaced and straight-forward.*
*Having died to self-interest,*
*she risks everything and asks for nothing.*
*Love gambles away every gift God bestows.*

## A FORÇA CRIATIVA

"Nunca pense no amor como a meta de alguma coisa", disse-me certa vez um mestre. "Pense sempre no amor como a causa". Em todos os níveis da existência, há uma única energia cósmica ativa. O universo inteiro está vivo com inteligência, criatividade e constante transformação. Outro nome para essa energia cósmica é Espírito, e nós experimentamos o Espírito, essa energia cósmica, como amor. Apreciamos o Espírito onde quer que o encontremos, em tudo o que expressa energia, vida e beleza: em um grande músico, um cavalo selvagem, ou um ato de bondade vindo de um desconhecido.

A cada estágio da jornada espiritual incrementamos a nossa consciência do Espírito por meio da gratidão, apreciação, respiração consciente e ação atenta.

Como o Espírito é tanto magnético como criativo, tem algumas similaridades fundamentais com a energia sexual. Na verdade, as energias da nossa vida interior poderiam ser organizadas em um espectro que vai da energia sexual à espiritual – uma energia fundamental expressando-se em diferentes sutilezas. Os romances encantados da adolescência têm uma qualidade espiritual; as devoções de um buscador em retiro também podem estar repletas do entusiasmo de alguém em um primeiro encontro.

Qualquer ato criativo é um ato de amor. O Criador Absoluto foi o primeiro a criar por amor, criando tanto o mundo visível quanto o invisível. O artista, o cientista, o artesão, o inventor – todos, na medida em que são amorosos em sua tarefa – são criativos.

Essa energia cósmica, que anima e vivifica, pode ser refletida voluntariamente pelo instrumento transformador que é o ser humano, e o nosso trabalho é nos tornarmos melhores refletores desse Espírito. Se aprendermos a arte de entrar em contato com a energia cósmica segundo nossa vontade, manifestaremos mais vida, criatividade e amor.


A FORÇA UNIFICADORA

A atração opera em todos os níveis dentro desse campo eletromagnético da existência. Forças vibracionais, eletromagnéticas, existem no nível subatômico. Energia é matéria e matéria é energia. No nível químico, elementos tais como carbono, hidrogênio e oxigênio atraem-se e formam substâncias que possibilitam a vida orgânica. Essas substâncias combinam-se mais ainda por meio de ligações elétricas. O amor poderia ser visto como esse poder criativo e unificador fundamental, um campo que abrange tudo.

No nível da vida humana está *eros*, ou o amor por aquilo que se ama. Trata-se, em sua forma mais comum, do desejo, o querer possuir. Queremos tornar algo nosso, consumi-lo como aqueles povos primitivos que comiam o coração do inimigo para obter seu poder. Queremos possuir uma terra, um carro ou um negócio. Queremos exercitar o poder das nossas vontades individualizadas sobre outras pessoas e coisas. Este é o nível no qual opera o ego individual. Representa um tipo de "amor" restritivo e limitado, mas que ainda assim é amor.

Em sua manifestação como amor sexual, *eros* produz uma intensidade de sentimento que pode levar à fusão de dois em um. A paixão dessa união, no entanto, é muitas vezes vivida por pouco tempo, às vezes terminando nos momentos seguintes à satisfação física, ou, na maioria dos casos, seguindo um curso de desencantamento mais gradual.

O amor é o domador do ego. Isto porque possibilita reconhecermos em outra pessoa o mesmo valor e importância que a princípio atribuíamos apenas a nós mesmos. O egoísmo, que inicialmente formatava toda a nossa vida, encontra no amor um poder vivo que o resgata de seu isolamento e restaura seu contato com algo maior do que ele mesmo.

O amor por compartilhar, ou *philos*, é menos restritivo e limitante que *eros*. Podemos ver esse fenômeno quando as pessoas se reúnem em um casamento, em uma refeição coletiva, no teatro, em uma corrida de cavalos, em uma taberna, em clubes culturais e centros culturais – enfim, em todas as formas que as pessoas escolhem para compartilhar. Ao compartilhar o amor, um ser humano experimenta a si mesmo, ou a si mesma, como um órgão independente e necessário ao todo da Vida.

Quando um indivíduo junta-se a outros, seu próprio valor torna-se ainda mais aparente.

O amor holístico, incondicional, *ágape*, é a unidade na qual a dualidade desaparece. É como se desaparecesse uma certa barreira interna. Com *ágape*, o que amamos *é* nós mesmos, como uma mãe ama seu filho como a si mesma. É isso que significa amar outra pessoa como a si mesmo – transcender nossas barreiras fenomenais e experimentar a nós mesmos em outra pessoa, e a outra pessoa dentro de nós, e não como algo separado de nós.

Por fim, se o amor for abrangente, ele nos une a tudo e permite-nos saber que *somos* tudo. Sendo assim, como podemos sustentar a ilusão desse ser isolado, separado, que se sente ameaçado e defende-se de tudo o que se encontra do lado de fora?

O amor nos devolve à unidade que é, na verdade, a Realidade. Não se trata de isolamento, desconfiança, inveja, egoísmo ou medo da perda que viemos a aceitar como normais; a Realidade é que somos todos parte de uma Vida. O mesmo Espírito move-se dentro de todos nós. Chegamos a compreender isso quando percebemos que temos todos os mesmos tipos de sentimentos, o mesmo desejo de ser conhecidos e respeitados, de compartilhar o que somos e nos livrarmos de nossas defesas.

Frequentemente, nos deparamos com ter que escolher entre a realização pessoal, a segurança pessoal e o conforto, por um lado, e, por outro, trabalhar para o todo e ajudar a todos em direção à perfeição. Deparamo-nos com a escolha entre cuidar de nós mesmos ou contribuir incondicionalmente para um bem comum; com focar no amor próprio ou aumentar o nosso amor pela Vida como um todo.

Quando alguém faz um gesto de amor em nossa direção, cria-se uma ponte sobre a separação. Quando outro ser humano o recebe bem, demonstrando bondade e consideração, você se sente em unidade com essa pessoa. Não desejamos ter esse sentimento de união com o maior número possível de pessoas? O sonho de todos os grandes profetas era unir um povo, reunindo-os em respeito, amor e entrega à orientação da Verdade.

Ao sermos atraídos e envolvidos pelo amor, nossa sensação de sermos isolados e separados se desfaz. Quando estamos apaixonados e ficamos diante da pessoa amada, esquecemos de nós mesmos na beleza do ser amado. Como o amado é um ponto de contato com a beleza, ficamos preenchidos por essa beleza. Todo amante se torna mais belo por meio desse amor.

O Amado, que a maioria das pessoas conhece apenas nos primeiros momentos do amor romântico, na verdade está presente com muitos aspectos e diferentes aparências, conforme cresce a nossa capacidade de amar. Essa capacidade nos transforma e nos torna mais vivos. Nunca estamos tão vivos como quando nos apaixonamos, então por que deveríamos limitar esse amor às condições quase impossíveis do amor romântico? Não podemos ser amantes o tempo todo?

## A FORÇA TRANSFORMADORA

O amor não é necessariamente algo que simplesmente "acontece"; pode ser um ato de vontade. As pessoas podem perguntar, "Mas e se eu não o sentir?". Como tudo na existência cósmica é uma via de mão dupla, podemos praticar os frutos do amor e por meio disso invocar a sua realidade. Se pudermos manifestar bondade, generosidade e paciência, em algum momento vamos descobrir a realidade do amor dentro de nós mesmos. Se chegarmos a nos tornar seres humanos transformados, será porque aprendemos a amar plenamente, por vontade própria. Podemos fazer, a cada instante, a escolha consciente de gerar uma vibração de amor.

O amor não é simplesmente atração, nem meramente uma alta vibração, ou uma ressonância. Seu maior valor é que o que começa como um sentimento produz ações de acordo com esse sentimento. O amor transforma cobre em ouro. Os erros dos amantes são melhores do que os atos corretos dos que não amam. Mesmo uma fruta amarga, vinda da mão do amado, tem um gosto doce.

Os amantes veem coisas que os outros não veem, pois estar apaixonado muda o estado da nossa consciência, não apenas afetando a maneira como sentimos, mas transformando também nossa percepção sensorial. O amor produz beleza, e a beleza é o nosso ponto de contato com o amor. Grandes artistas são sempre, em algum nível, grandes amantes. O amor transforma o feio em bonito; em tudo vê beleza. Certa vez Muhammad deparou-se com um cão sarnento na beira da estrada. Ao parar por uns instantes ao lado desse pobre animal, alguns de seus companheiros comentaram sobre como era feio. Muhammad abriu a boca do cachorro e disse, "Mas vocês não veem? Como são lindos os seus dentes!".

O amor de cada pessoa é diferente. Somos pré-dispostos, de acordo com nosso temperamento, a encontrar e manifestar o amor de diferentes maneiras. Cada coração individual tem esse amor dentro de si e, ao mesmo tempo, é atraído para fora, no campo eletromagnético da vida, em direção às coisas, pessoas, qualidades ou situações que despertarão esse amor. Nossa busca exterior expõe para nós o amor que temos internamente, levando-nos ao ponto em que somos capazes de reconhecer o que temos dentro de nós. Sem amor não se alcança nada de valor, pois o amor é o poder que faz o coração expandir-se e abarcar cada vez mais.

O amor nunca é uma meta; é a causa de tudo, inclusive da nossa transformação final. O anseio de cada ser humano por saber e se relacionar é a ação do próprio amor, guiando-nos de volta a nossa própria origem. Se formos fiéis, ele nos transformará ao conectar-nos com as qualidades mais elevadas do Espírito, que são as qualidades criativas e doadoras de Vida do próprio Amor. O amor é o que dá origem à verdadeira individualidade, uma individualidade que encontra sua maior realização na comunhão com o Espírito.

# 29
# A religião do amor

Sem causa alguma, Deus nos deu a Existência;
entrega-a de volta, sem nenhuma causa
Perder-se no jogo está além de qualquer religião.
A religião busca graças e favores,
mas aqueles que perdem no jogo as graças e favores
são os favoritos de Deus,
pois eles não põem Deus à prova,
nem batem à porta das perdas e ganhos.
RUMI, *MATHNAWI VI*: 1971-74

*Without cause God gave us Being;*
*without cause give it back again.*
*Gambling yourself away is beyond any religion.*
*Religion seeks grace and favor,*
*but those who gamble these away are God's favorites,*
*for they neither put God to the test,*
*nor knock at the door of gain and loss.*

Mevlana Jalal ud-Din Rumi disse, "A religião do Amor é diferente de todas as outras". Não advogava uma nova religião, estava feliz com o Islã como prática e estrutura de referência. Talvez estivesse indicando um despertar do Amor divino que ultrapassa todas as outras formas de religião por ser a própria essência da religião. Mas por que é "diferente de todas as outras"? As religiões, da maneira como costumam ser praticadas, estão errando o alvo?

Rumi devia ter em mente algo excepcional para expressar essa ideia de forma tão radical. Talvez sentisse necessidade de nos lembrar que a religião e as formas religiosas tendem a desviar-se para algo bem diferente do seu impulso original, que o *insight* ardente de um profeta é bem diferente das instituições clericais que reivindicam ser donas da mensagem do profeta.

A religião do amor não tem qualquer forma externa específica, nem depende de leis e, no entanto, pode ser reconhecida, independente de qual seja sua forma exterior, por aqueles que têm um "gosto" por ela. Não é nada mais nada menos do que a "nova aliança" de Jesus. A religião do amor também foi trazida por Muhammad e passada adiante por meio de seus companheiros mais próximos, Ali e Abu Bakr, até por fim emergir como sufismo. No século XV, India Kabir expressou uma religião do amor totalmente independente de todas as ortodoxias:

> O convidado está dentro de ti, e também de mim;
> Sabe que o broto se esconde na semente.
> Todos nos esforçamos; nenhum de nós chegou muito longe.
> Despede-te de sua arrogância, olha ao redor dentro de ti.
> O universo é atravessado em todos os cantos por um único tipo de amor...
> Os que esperam ser sensatos quanto a isso fracassam.
> A arrogância da razão separou-nos desse amor.
> Com a palavra "razão" já te sentes a milhas e milhas de distância.

E na Espanha houve, é claro, Juan de la Cruz, que ardia com o fogo do Amor divino: "No crepúsculo da vida, Deus não nos julgará por nossas posses mundanas e sucessos humanos, mas por quão bem amamos".

Para a religião do amor, é fundamental um espírito de emancipação, pois o amor espiritual nos liberta da grosseria e negligência do egoísmo. Aqueles que aprendem a amar desta forma não estarão sujeitos às tentações, aos excessos e às transgressões das quais a lei religiosa deveria supostamente nos proteger. Se aprendermos a amar mais, nosso comportamento será guiado por um sentido de apropriação, uma sensibilidade compassiva que deriva de uma consciência da unidade.

A religião deveria ser um remédio, mas às vezes é a própria doença. Quando a religião do medo encobre a religião do amor, o Deus da misericórdia e do perdão é substituído por ídolos de julgamento e castigo. Na verdade, a única coisa que devemos temer é o ego descontrolado, estando cientes de como pode nos escravizar. Mas isso é diferente de acreditar que agradamos a Deus ao realizar obsessivamente rituais externos, ao viver uma vida de regras rígidas e seguir figuras de autoridade, como se o Deus da natureza, da criatividade e do amor tivesse criado a vida como um programa de treinamento militar.

Estimular o medo em nome da religião é uma forma de controle mental, não de espiritualidade. O medo é uma manifestação do cérebro reptiliano (terror, lutar ou fugir) que se desenvolveu antes do cérebro mamífero (sensações cálidas e confortáveis) e do córtex frontal (intenção, escolha consciente). Não é possível aproximar-se de Deus, a Realidade mais elevada, a não ser por meio das faculdades superiores do ser humano: as percepções sutis do coração intuitivo.

Na religião do amor, o ego não é "morto", mas transforma-se em um servo do coração. Não estaremos mais próximos de Deus depois de termos suprimido todos os nossos desejos, inclusive os que fazem parte de uma vida humana saudável. De nada adianta torturar a alma. O desejo tem o seu propósito, contanto que esteja na medida certa, contanto que não nos escravize nem nos leve a explorar os outros. Os desejos de um coração puro podem até ser uma manifestação de felicidade espiritual. Reconhecer e seguir o seu principal desejo pode levar a uma vida de profundo propósito e integridade.

No entanto, para um amante sincero e verdadeiro, o poder transformador do amor é implacável. Os atributos de vontade e consciência que você pensava estar desenvolvendo para tornar-se uma pessoa melhor acabam por ser reconhecidos como o efeito do Amado sobre o amante. Tudo o que pensava amar – outras pessoas, a beleza da natureza, tudo o que tinha sentido para você – são afinal véus diante do Amado. O amante descobre, misteriosamente, que tudo é um presente da Existência, e com essa percepção aumenta a gratidão. Os presentes podem ser belos, mas o Doador é ainda mais belo. O Amor gradativamente substitui todos os outros amores com o amor do verdadeiro Amado. E finalmente, tudo exceto o amor é devorado pelo Amor.

> Minha religião é estar vivo por meio do amor:
> É uma desgraça viver apenas dessa alma e cabeça animal.
> A espada do amor elimina a poeira da alma do amante.
> Apenas a lâmina do amor pode separar-nos de nossos pecados.
> Quando a poeira carnal se vai, minha lua brilha:
> a lua do meu espírito aparece em um céu aberto.
> Por tanto tempo tenho tocado o tambor desse amor
> para Ti, que eu adoro, à melodia de:
> Vê como minha vida depende da morte.
>
> RUMI, *MATHNAWI VI*, 4059-62

# 30
# Devoção: contato com o infinito

A água diz para o sujo, "Vem aqui!".
O sujo diz, "Tenho tanta vergonha".
A água diz,
"Como tua vergonha poderá ser lavada sem mim?".
RUMI, *MATHNAWI II*: 1366-67

*Water says to the dirty, 'Come here'.*
*The dirty one says, 'I am so ashamed'.*
*Water says,*
*'How will your shame be washed away without me?*

Os seres humanos têm uma necessidade inata de estar em contato e comunicação com uma dimensão de valor ou beleza espiritual, e de se expressarem em respeito e reverência amorosa. Ao longo da história humana, várias formas de devoção tentaram estabelecer uma ponte entre o reino humano finito e o reino espiritual, mas atualmente a devoção no sentido verdadeiramente espiritual parece estar em declínio. A devoção na forma de idolatria bruta, no entanto, está bem viva, especialmente por meio dos esportes e do entretenimento. Uma idolatria mais sutil existe nas muitas formas de devoção pelo próprio "eu", estimulada pela cultura comercial.

No cerne do caminho sufi está a proposição de que *não existe deus senão Deus*. O significado essencial disso é que adoraremos o único Deus, que reconheceremos a Realidade beneficente por trás de cada uma das formas e acontecimentos das nossas vidas. A idolatria, em qualquer de suas formas, é o pecado fundamental, a distorção do nosso ser. Trata-se de idolatrar a irrealidade, o que nos separa do Real. Quando fazemos do nosso próprio ser um ídolo, aumentamos nossa obstinação, autoindulgência e presunção. Nossas idolatrias mais comuns incluem a ambição, a necessidade de atenção, a ganância, o desejo sexual descabido e todas as necessidades compulsivas de intoxicação e estímulos.

Aquilo que comanda a nossa atenção, seja o que for, é nosso mestre, e estamos rodeados de forças que comandam nossa atenção. Aquilo que prende nossa atenção é o que servimos inconscientemente. Esses são os ídolos da devoção que nos separam daquilo que realmente merece nossa atenção. Qualquer coisa pode tornar-se um ídolo – qualquer coisa à qual servimos sem perceber e, em um certo sentido, adoramos, seja consciente ou inconscientemente.

Se valorizamos qualquer coisa mais do que o Espírito, trata-se de um equívoco, uma estreiteza de visão. Se nos identificamos com nosso ser pequeno e parcial, seremos capturados por uma rede de desejos. Quando vivemos no falso ser, sucumbimos a inúmeras distrações e atrações; se estamos centrados em nosso Ser essencial, alinhados com o Espírito, o que desejamos será o desejo pela totalidade.

A "devoção" [*worship*] em seu sentido original, significa "valorizar", considerar algo como tendo valor. A palavra está associada a atos religiosos, especialmente aqueles realizados por alguma autoridade religiosa, como um padre. Mas na realidade qualquer pessoa que reza, que faz um chamado ao Ser Único, à Realidade Superior, está realizando um ato de devoção, em posição equivalente à de um padre.

O Ser Único não está fora de nós, nem separado de quem quer que seja. O Único Ser Absoluto deu existência a tudo o que existe. Nosso ponto de acesso a esse Ser Único está presente dentro de nós como um ponto não dimensional. Para compreender isso, precisamos primeiro criar um vácuo interior, livre das pressões das crenças convencionais, das compulsões pessoais, da dualidade e separação. Esse vácuo puro nos permite experimentar a qualidade do Um dentro de nós.

Na devoção, permitimo-nos ser harmonizados por algo do mais alto valor. O exercício regular da consciência em atos de devoção é uma necessidade humana essencial, e que muitas vezes não é atendida. A energia que se desperta por meio da recordação e da devoção traz consigo uma força unificadora, uma coerência interior. Na devoção, temos uma maior probabilidade de experimentar a correspondência entre corpo e alma, comportamento e sentimento, pois estamos invocando um poder harmonizador.

Duas qualidades que se diz serem necessárias à devoção e à oração são recolhimento e humildade. Começamos por nos recolher e pedir algo a esse ponto não dimensional dentro de nós que é o nosso contato com o Espírito. Reunimos a totalidade de nós mesmos em um único ato sincero, invocando essa essência espiritual adormecida dentro de nós, de modo que possa ser ativada e responder. O espírito individual pode fazer contato com o Espírito maior latente dentro de nós.

Com humildade, que é a consciência da nossa dependência do Um, somos abertos a uma afluência espiritual. Nosso próprio ser torna-se transparente para a luz que deve brilhar através e a partir de nós. A humildade permite a aniquilação do que é menos real em nós, e o reflexo do que é mais real. Por meio da afinação amorosa da devoção, torna-mo-nos melhores refletores do Espírito, e é possível aprender a refleti-lo cada vez mais de acordo com nossa vontade.

Ficamos cara a cara com o Amor quando nos reunimos em seu nome. O Amor é o meio em que todos nós existimos. Juntos, podemos reunir nossos corações a esse campo. Elevamo-nos por meio da energia espiritual acumulada por indivíduos reunidos, juntando-nos, recordando a nossa verdadeira dependência do Um. O apoio espiritual de que precisamos é encontrado dentro de nós quando estamos livres do ego impedidor. Só o ego pode separar-nos do Um. É possível entrarmos no "jardim", no "reino do céu", ao alcançar a simplicidade de uma criança. Nossos egos podem ser transformados em servos e obter para nós o passaporte para a vida infinita.

Uma graça protetora torna-se disponível para aqueles que compartilham a devoção. Com essa graça, a percepção muda. Desenvolvemo-nos ao abrir-nos para toda manifestação de vida que encontramos. Conforme nos abrimos, somos invadidos pelo Meio Divino. Com um amor forte o suficiente, podemos fazer sem medo a jornada da vida, tornando-nos familiarizados com aquilo dentro de nós que é invulnerável.

Quando reunirmos nossas qualidades humanas de atenção e coração com tranquilidade e intenção, nos encontraremos diante da face do Amor. Por meio da devoção somos reunidos ao Um que adoramos. Se um ser humano dirige consistentemente sua atenção, seu desejo, sua vontade, seu pensamento e sentimento na direção do Amor, o Amor assim realizado torna-se uma capacidade e um poder vital. Ao fazermos isso, também nos preparamos para recordar esse amor espontaneamente em outros momentos.

De todas as atividades humanas, a devoção é a rota mais direta para o contato com o Infinito, contanto que seja realizada com presença. A devoção em comunhão com outros, quando se pode encontrar uma comunidade de amantes conscientes, é ainda mais frutífera do que a devoção em solidão. A devoção que inclui a totalidade de nós é muito mais efetiva do que a que inclui apenas uma parte de nós. Pode se iniciar com uma tranquilidade da mente, corpo e coração, levando a uma ativação interna, um recolhimento profundo no qual fazemos um chamado espontâneo específico ao Espírito dentro de nós, pedindo dele todas as qualidades e forças de que precisamos para estar a serviço na vida. Essa oração espontânea pode ser clara e ressonante, pois por meio da voz é possível despertar a Essência dormente dentro de nós mesmos e dos outros. A devoção pode incluir a respiração consciente, cantos, entonações e movimento. É maravilhoso ter um espaço inteiramente dedicado ao sagrado, mas devemos estar em um estado de devoção sempre, em todo lugar. Além das formas e rituais tradicionais das nossas grandes tradições sagradas, a devoção pode ainda assumir formas totalmente novas e criativas, pois o que é do Espírito *é* criativo.

# 31
## Refinar a psique

Os cinco sentidos espirituais estão todos conectados.
Cresceram de uma única raiz.
Conforme um cresce, os outros também se fortalecem:
cada um torna-se um copeiro para os outros.
Enxergar com os olhos incrementa a fala;
a fala incrementa o discernimento do olho.
Conforme a visão se aprofunda, desperta cada um dos sentidos,
de modo que a percepção do espiritual
Torna-se familiar a todos.

RUMI, *MATHNAWI II*: 3236-39

*The five spiritual senses are all connected.*
*They've grown from one root.*
*As one grows strong, the others strengthen, too:*
*each one becomes a cupbearer to the rest.*
*Seeing with the eye increases speech;*
*speech increases discernment in the eye.*
*As sight deepens, it awakens every sense,*
*so that perception of the spiritual*
*becomes familiar to them all.*

Um amigo me levou certa vez, junto com minha família, para um passeio em seu barco. Ele me apresentou a um novo sistema de navegação que lhe permitia saber sua posição exata na terra. Na década de 1980, isso parecia ser uma inovação fantástica. Ondas eletromagnéticas eram transmitidas entre o mar e um satélite no espaço. Que demonstração extraordinária das capacidades do intelecto humano! Ocorreu-me que o ser humano também tem exatamente esse tipo de equipamento, mas que foi desligado por algum acidente. Houve um tempo em que os homens no mar operavam por instintos sutis, sentindo a localização, o clima e os movimentos. Agora essa operação foi computadorizada ao ponto em que grandes navios petroleiros têm um alarme que deve disparar caso cheguem a algumas milhas da costa. No entanto, os alarmes nem sempre funcionam, e esses navios às vezes encalham na praia.

Temos faculdades subconscientes sutis que não utilizamos. Para além do intelecto analítico limitado, há um vasto reino da mente que inclui habilidades psíquicas e extrassensoriais; intuição e sabedoria; um sentido de unidade; faculdades estéticas, qualitativas e criativas; e capacidades simbólicas e de formação de imagens. Embora essas faculdades sejam muitas, nós as chamamos por um único nome com alguma razão, pois operam melhor quando estão em consonância. Elas englobam uma inteligência que está em conexão espontânea com a Inteligência Universal. Essa mente total nós chamamos de "coração".

A palavra *coração* tem um significado específico em nosso glossário espiritual. O coração inclui faculdades sutis que estão além do intelecto, mas uma vez que estamos vivos e incorporados em uma forma física, o intelecto é um intérprete primário da nossa experiência. O intelecto transforma as percepções sutis da psique em imagens e pensamentos familiares e reconhecíveis. Pode oferecer a expressão final dessas faculdades, agindo como um tradutor e analisador, mas nada se origina simplesmente do intelecto; ele reorganiza elementos conhecidos, categorizando e comparando-os. Às vezes faz isso de forma elegante e com propósito; outras vezes, estabelece falsas conexões, ou reduz uma informação nova a conceitos antigos, funcionando de maneira mecânica, por hábito. A arte de viver intuitivamente depende da habilidade de traduzir percepções sutis com precisão, conforme emergem do subconsciente para a consciência.

## NÍVEIS DA MENTE

O coração humano é como uma antena que recebe emanações de níveis mais sutis da existência. Seu campo de funcionamento apropriado está além dos limites do ser do ego, superficial e reativo. Despertar o coração é um processo ilimitado de tornar a mente mais sensível, focada, energizada, sutil e refinada, de reuni-la a seu meio cósmico, à infinidade do Amor. O coração é, em certo sentido, a mente espiritualizada.

Podemos traçar o desenvolvimento da consciência espiritual em termos dos níveis da mente. Um ser humano comum do nosso tempo, de nossa cultura, vive dentro dos limites de seu condicionamento social e familiar. A maior parte do que experimentamos está em nossos pensamentos e emoções. Estes ocupam a nossa assim chamada mente consciente, esse canal estreito de consciência que é facilmente preenchido por pensamentos e sentimentos particulares. Essa mente não é verdadeiramente consciente – ou seja, transcendentemente perceptiva –, mas o ponto focal de uma percepção limitada. Na maior parte do tempo, opera em um nível automático de funcionamento e ocasionalmente em um nível mais sensível, conforme percebe e lida com circunstâncias cambiantes.

Trata-se de uma mente cheia de associações, influenciada por crenças, compulsões e contradições inconscientes, mas raramente é capaz de diferenciar essas forças inconscientes dos chamados mais profundos do coração. À medida que a mente consciente é escrava de gostos e desgostos não examinados e de impulsos egoístas, permanece incapaz de enxergar ou conectar-se com suas próprias profundezas. Vê tudo através das distorções de seus desejos e consequentemente "pensa" de forma distorcida. Experimenta emoções que dependem desses desejos estarem satisfeitos ou frustrados. Mentalmente, opera por meio de associações, conceitos, categorias, estereótipos, preconceitos e assim por diante. Vê as árvores, mas não a floresta, e mesmo as árvores não são vistas pelo que são, mas como coisas sobre as quais projeta suas expectativas, conceitos e carência.

No início do trabalho espiritual, ou por quanto tempo for preciso, é necessário passar por um processo de descondicionamento: observar meticulosamente as influências do nosso condicionamento, aprender cada vez mais a ver as coisas como são. Ao mesmo tempo, é preciso cultivar as nossas capacidades mais sensíveis e conscientes. Então as árvores tornam-se árvores; assim somos capazes também, talvez, de ver a floresta. Estamos conscientemente alertas. Descondicionamos a mente de associações e projeções egoístas, e a recondicionamos por meio da consciência, o que permite uma percepção e comunhão direta. Este não é, no entanto, o estágio final, pois apesar de termos nos tornado mais conscientes, ainda não estamos funcionando com todas as nossas faculdades subconscientes mais sutis.

Apenas quando essas faculdades estiverem disponíveis para a mente é que o significado e o valor podem inundar a consciência. Não apenas vemos as árvores como são, mas as percebemos como a incorporação de qualidades e significado. A diferença entre a qualidade do significado que se experimenta por meio da mente mais profunda (subconsciente) – ou seja, o coração – e do que se projeta quando a mente está identificada com o ser inferior, o ego, é a seguinte: a sabedoria do coração é viva e criativa, enquanto o ego é repetitivo e previsível.

Apenas quando nossas faculdades subconscientes forem despertas, nossa verdadeira herança humana estará tão disponível para nós quanto possível. Um ser humano desperto começa a viver em contato e trabalhar em cooperação com o Poder Criativo.

## ATIVAÇÃO DAS FACULDADES SUBCONSCIENTES

Quantas das capacidades latentes da mente são empregadas por nós? Com que frequência estamos conscientes, ativamente receptivos, vivendo o verdadeiro serviço e fazendo uma pergunta de verdade? Com que frequência temos escuta interior, com que frequência recebemos conscientemente as impressões sutis do coração? Por outro lado, quanto tempo empregamos para manter as nossas contas mundanas, imaginando um futuro de faz de conta, revivendo um passado limitado, fazendo planos para conseguir mais disso ou daquilo ou para prevenir essa ou aquela perda, julgando, culpando e nos preocupando?

A mente subconsciente pode ser acessada por uma infinidade de maneiras. Um artista criativo, por meio de disciplina, habilidade e entrega, é capaz de acessá-la. Quaisquer homens ou mulheres de conhecimento podem acessá-la com a devida preparação, ao tornarem-se familiarizados com o conhecimento do seu campo, e então enquadrando o que precisam saber com uma pergunta apropriada. Um médium pode selecionar um alvo e recolher impressões do subconsciente. Aqueles que realmente aspiram pela sabedoria podem escutar internamente o subconsciente a fim de descobrir seus segredos.

Uma das formas em que o conhecimento está disponível para nós é por meio das nossas faculdades subconscientes. No espelho da nossa própria consciência, no entanto, experimentamos uma concatenação de impressões que incluem impressões sensoriais imediatas, reações emocionais, associações mentais e memórias, assim como percepções sutis que pairam bem no limiar da consciência.

Nossas faculdades sutis, subconscientes, estão sempre operando em algum grau, quer estejamos conscientes delas ou não. Podemos inconscientemente seguir ou descartar essas percepções sutis, dependendo do grau da nossa própria compulsividade ou resistência racional. Podemos também, no entanto, aprender a incorporá-las em nossa vida cotidiana se praticarmos agir sobre elas e receber *feedback* dessas ações. Aprenderemos, aos poucos, por meio da nossa própria experiência, a confiar nesse nível de conhecimento que transcende a razão limitada e os sentidos.

A habilidade de usar nossas faculdades subconscientes depende de uma qualidade de presença que não seja demasiadamente afetada pelos níveis mais superficiais da nossa experiência subjetiva, e que seja capaz de discernir os diferentes níveis de impressões. Se a consciência for dominada por qualquer uma das impressões mais brutas – por pensamento, desejo, impressões circunstanciais aleatórias e outras formas de ruído mental – não poderá captar essas sutis e fugazes impressões do subconsciente.

Com o desenvolvimento da presença vem uma consciência mais refinada de todos os níveis da experiência. Se, por exemplo, sabemos como nos sentimos e o que pensamos e percebemos quando estamos perto de um certo tipo de gente ou lugar, seremos mais capazes de interpretar essas impressões sutis, que se referem a pessoas ou lugares, à distância. Quanto mais conscientes estivermos, mais o nosso próprio espelho da consciência poderá refletir conhecimento e informações não limitados pelo espaço e tempo.

Devemos aprender a ser cautelosos ao aceitar imagens que nos chegam completamente formadas e detalhadas, pois estas são provavelmente criações da memória e da associação. Devemos também estar atentos a informações e impressões que nos chegam de forma rápida e forte demais, pois são provavelmente exemplos de ruído mental. Geralmente, a informação que nos chega por meio de nossas percepções sutis forma gradativamente uma imagem. Isto é diferente da informação que já chega pré-fabricada e nítida. No funcionamento autêntico das nossas faculdades sutis, tende a surgir uma totalidade por meio do acúmulo de impressões que são às vezes fugazes e espontâneas.

Quer estejamos falando sobre a percepção psíquica, a criação artística ou a busca por sabedoria, certas similaridades se apresentam quando as faculdades subconscientes começam a funcionar. Um bom poeta precisa reconhecer a diferença entre a metáfora que é um cliché fácil e uma que tem uma qualidade inesperada de congruência. O médium precisa reconhecer a diferença entre uma imagem que vem de um subconsciente pessoal – de sua memória ou associações – e a impressão que é surpreendente e traz consigo o sentimento de que o alvo está sendo contatado. Conforme isso começa a acontecer, pode-se receber um espectro de impressões sutis

Refinar a psique

que inclui informações sensuais, emocionais e de outros tipos. Muitas vezes haverá uma sensação de envolvimento emocional com o que está sendo recebido. O artista terá uma sensação peculiar de estar "ligado". O buscador de sabedoria pode descobrir que o conhecimento encontrado dentro de si afeta profundamente os sentimentos e pode até ser acompanhado por visões, sons celestiais ou fragrâncias maravilhosas.

As impressões que recebemos das nossas faculdades subconscientes passarão por alguma forma de tradução para a consciência e talvez por mais alguma tradução até alcançarem uma forma concreta. Quer esta tradução seja visual, musical, literária ou intelectual, nossa habilidade será testada pelo nível ao qual distorcemos, editamos ou embelezamos o que recebemos. Com prática e experiência podemos aprender a focar nos detalhes significativos e selecionar do espectro total das impressões aquela que melhor transmite a singularidade do assunto.

Até aqui tenho me referido à aplicação intencional das faculdades sutis. Mas a recepção espontânea do conhecimento e da orientação é tão importante quanto isso, senão mais, na nossa vida espiritual. Se aceitarmos a ideia de que aquilo que os nossos próprios seres almejam e do qual podem ser conscientes não passa de um pequeno fragmento do Todo, então devemos aceitar humildemente a orientação e as intimações que nos chegam de fontes mais elevadas. As fontes mais elevadas, no entanto, não se comunicam conosco quando todos os nossos canais estão cheios de preocupações mais grosseiras e quando nossa própria percepção não se encontra em um estado receptivo. Para receber a orientação espiritual que nos permitirá estar a serviço – estar no lugar certo, no momento certo com os recursos certos – a orientação que nos permitirá participar plenamente na vida, precisaremos de presença, claridade e abertura.

Junto com essa presença, uma atitude amorosa em direção a todas as manifestações da Vida ajudará a criar as conexões invisíveis necessárias. Os exemplos mais impressionantes de experiência psíquica espontânea são aqueles em que alguém que amamos está correndo perigo.

As informações psíquicas mais precisas são recebidas quando há um envolvimento emocional com a questão. As maiores criações artísticas são produzidas por aqueles que têm um profundo amor pela beleza. Os maiores avanços na ciência são aqueles realizados com um grande amor por conhecer o universo. Em todos esses exemplos, o amor é o meio.

Todas as tradições espirituais autênticas ensinam-nos a não nos atermos à realização psíquica por si mesma, mas isto não deveria nos impedir de reconhecer os princípios da percepção sutil e o fato de que essas percepções são nosso direito de nascença.

## ALCANÇAR A GRAÇA PROTETORA DO AMOR

Espiritualizamos a mente ao libertá-la da dominação de suas preocupações superficiais e direcionadas pelo ego. Quando a mente é dominada e controlada pelos hábitos do desejo, por emoções negativas, fantasias, opiniões e conceitos, é desligada da sabedoria do subconsciente, sua ligação com a Inteligência Universal. Espiritualizar a mente permite à psique individual afinar-se com o meio e a energia do Amor, ressoando melhor com a Inteligência Universal.

O coração percebe o Espírito que se move em todas as coisas e apreende a plenitude de alma em cada coisa, pois tudo na existência é manifestação de uma única fonte: a Essência Divina absoluta. Esse Absoluto em movimento é chamado de Espírito, que se experimenta como Amor em suas muitas sutilezas. Quando o Espírito assume qualquer espécie de forma, essa forma tem sua própria alma. O coração se abre para o conteúdo de Espírito que há em todas as coisas, e isso faz com que se torne mais sutil e onipresente.

Conforme o coração é refinado e desenvolvemos nossas faculdades humanas latentes, passamos cada vez mais a estar sob a graça protetora do Amor. Sem essa ação do Amor sobre a mente, a psique individual permaneceria como algo isolado e autônomo. Por meio do poder criativo e atrativo do Amor, a mente é ajudada a fazer cada vez mais contato com o universo, a sentir sua participação no milagre contínuo da existência.

O que na linguagem religiosa podem ser chamadas de qualidades "satânicas" são produto desse isolamento e contração apartados do meio do Amor, a contração sendo o próprio egoísmo. A mente egoísta, é claro, chega a um beco sem saída em seu refinamento. Pode alcançar uma parte do seu potencial humano latente, mas não alcança a completude, pois a sua falta de Amor desligou-a do Meio Divino, do Todo. A mente egoísta conhece a si mesma como uma parte isolada, e não como o Todo.

Abrir-se para o Amor a outros seres é colocar-se sob a proteção do Amor. Somos protegidos da tirania do nosso próprio ego. Na presença do Amor, o ego tirânico foge aterrorizado ou torna-se um servo.


As preparações para transformar a mente podem incluir o jejum e outras formas de purificação. Técnicas especiais de respiração consciente, de som, ritmo ou visualização de cores podem ser usadas para concentrar a energia no sistema nervoso sutil. Essa purificação e fortalecimento do sistema nervoso é um pré-requisito para a ressonância com a Inteligência Universal.

Outro pré-requisito é uma conexão sincera do coração com uma fonte de orientação no mundo invisível. Se por um lado é possível ter esse contato sem saber ou intencioná-lo, o melhor é saber conscientemente de onde vem essa ajuda. Em algumas culturas indígenas, os xamãs, por exemplo, entravam em contato com um espírito da natureza ou com o poder de um animal. Um maior potencial é oferecido quando se tem um ser iluminado, um mestre ou profeta, como ponto de contato. Esse ponto de contato só tem valor, pois o seu conteúdo é o mesmo que o conteúdo divino. Um ser que alcançou unidade com o Espírito é como um porto pelo qual se adentra o oceano. Um porto, uma baía ou golfo, no entanto, não deixa de ser o oceano; é simplesmente uma aproximação mais acessível.

## DISSOLVER-SE

É possível compreender a mente como uma substância capaz de existir em vários estados, assim como $H_2O$ pode existir como gelo, água, vapor e umidade. Como gelo, sua solidez a limita, e precisa seguir as leis físicas de um sólido; como água, pode fluir. Já como umidade, existe em um estado mais sutil, que tudo penetra, ocupando uma expansão muito maior.

Percebi e experimentei esse nível de existência por mim mesmo, claramente, por meio de meu mestre. Na presença de Suleyman Dede, sentia-me em unidade com ele, e, por meio dele, sentia-me em unidade com tudo. Não praticávamos isso como um exercício explícito, mas para mim o resultado do contato com um ser humano assim era que eu me dissolvia. O mesmo eu funcional, capaz de cortar lenha ou editar um manuscrito, existia, mas alguma parte de mim havia se dissolvido e, no entanto, ainda estava presente. Costumava sair caminhando do sítio onde estávamos, adentrando a mata ou em direção à cidade, e ambas as experiências eram igualmente embebidas de Espírito. Foi aí que me ocorreu que esse estado é como o do açúcar ao dissolver-se em água. O açúcar, que era eu, havia se tornado invisível, no entanto estava lá; podia ser provado. Quando me virava para o meu mestre, a única coisa que conseguia dizer era, "Obrigado por me ajudar a dissolver como açúcar na água".

Conforme essas coisas começam a acontecer, a ideia convencional de ser vai desmoronando. As fronteiras do ser ficam menos limitadas, no entanto a identidade não se enfraqueceu. O ser se dissolveu; está lá, mas não na sua forma anterior. Uma nova qualidade entra em nossas relações – um amor mais profundo, como se estivéssemos amando uma parte de nós mesmos. Dentro de nós, somos rodeados por presenças – os santos e mestres estão aqui dentro de nós, assim como a presença do Espírito.

Essa mente individual que nós espiritualizamos não é algo separado da mente do universo, mas um reflexo dessa mente experimentado por meio do veículo do sistema nervoso e seus centros sutis. O coração é a parte individualizada, manifesta da Inteligência Universal. É um reflexo dos atributos dessa Inteligência Universal: Amor, compaixão, misericórdia, paciência, generosidade, vontade, serviço, criatividade, beleza, sabedoria, consciência e outras inúmeras qualidades. À medida que podemos incrementar o nosso reflexo dessas qualidades, estamos também desenvolvendo o coração.

# 32

# Serviço no meio divino

Cada momento contém
uma centena de mensagens de Deus:
A cada lamento de "Ó Senhor",
Ele responde cem vezes: "Estou aqui".
RUMI, *MATHNAWI I*: 1578

*Each moment contains*
*a hundred messages from God:*
*To every cry of 'Oh Lord',*
*He answers a hundred times, 'I am here'.*

*Minha esposa, Camille, e eu estávamos viajando pela Turquia com nosso amigo Don por algumas semanas, e muitas vezes terminávamos o dia com um pedaço de baklava tarde da noite. Havíamos passado a nossa última noite na Turquia na casa de Oruç Güvenç, onde cantamos Ilahis sufis e várias pessoas tocaram instrumentos até as primeiras horas da manhã. No nosso caminho de volta ao hotel, sentíamo-nos leves e energizados, e fomos quase flutuando pelas ruelas de Istambul. A cidade estava quieta e não havia quase ninguém na rua, a não ser um ou outro soldado com um rifle automático. Eu tinha comigo uma cópia de* The Ruins of the Heart, *que queria dar de presente a Mehmet, um vendedor de tapetes que eu conhecera perto do bazar de Istambul e que havia expressado interesse pelo livro. Íamos partir para o aeroporto naquela manhã, antes que a loja de Mehmet abrisse. Mesmo assim queria lhe entregar o livro, mas não sabia como seria possível.*

*Nós três caminhávamos por uma grande avenida não muito longe do bazar quando vi uma figura solitária cerca de um quarteirão à nossa frente, de costas para nós. De longe, parecia ser Mehmet. Quando nos aproximamos, a figura se virou e era ele.*

*"Salam alaikum", eu disse. "Aqui está o livro que queria lhe dar."*

*"Obrigado, irmão, fico feliz de recebê-lo. Vocês gostariam de vir comigo à loja do meu tio? A loja ainda está fechada, mas ele acabou de assar o baklava de amanhã."*

Quando estamos cientes da abundância da Vida, eventos sincrônicos se desenrolam no *continuum* do tempo; o Amor reúne o que precisa ser reunido. Muitas vezes, no Oriente Médio, eu e meus companheiros nos encontrávamos mais claramente nesse espaço de graça e sentido iminentes.

O refinamento da psique em direção a uma presença mais profunda e contínua resulta em sermos capazes de encontrar cada vez mais manifestações de Vida com Amor incondicional. Somos capazes de superar nossa separação a um tal nível que cada vez mais nos sentimos em unidade. Nossa consciência e conexão com a Vida aumentam nossa sensibilidade ao ambiente e despertam-nos para mais e mais oportunidades de serviço, interação e interfertilização; descobrimos que nossas necessidades também são atendidas, e o ciclo continua. A cada momento, o ambiente nos apresenta algumas necessidades. Nosso serviço é o resultado natural – pode-se dizer que é até mesmo a consequência mecânica – da nossa consciência do ambiente como um todo e da conexão com o Poder Criativo.

Se descobrirmos que somos incapazes de ir ao encontro da vida com amor incondicional, podemos ao menos começar a transferir nossa atenção da preocupação com nós mesmos para um campo mais amplo de atenção, incluindo as necessidades das pessoas à nossa volta. Conforme nos acostumamos a essa transferência, começam a surgir frequente e naturalmente oportunidades de serviço. Mas o serviço sem presença é como o sono, e se nos identificamos demais com ele, se esperamos retribuição ou agradecimentos, deixa de ser um serviço e torna-se uma exigência.

É bom fazer a coisa certa e sentir-se bem com isso. É bom servir àqueles que amamos. É necessário contribuir para o bem-estar geral por meio da ação generosa e de orientação social. Tudo isso é básico para uma vida humana decente, mas ainda não está no nível da prática espiritual.

O serviço que é uma prática espiritual está além da atração e do ego limitado. Esse serviço depende de um deslocamento da atenção, ou da consciência. Por meio dele, somos elevados para fora do nosso egoísmo; nele, tornamo-nos motivados pelo amor incondicional da vida ao nosso redor. É o Amado amando através de nós e o Generoso dando através de nós. Até mesmo a raiva e o criticismo podem ser bem-vindos quando vêm do Amado, enquanto a ajuda e os elogios daqueles que "servem" com arrogância ou presunção são como um veneno para nós. Não o queremos, mesmo que precisemos dele.

O serviço é o resultado da nossa consciência do ambiente com um todo. Quando nos deslocamos das nossas preocupações pessoais para uma consciência mais ampla, quando superamos as tiranias internas da atração e da preferência, passamos a estar mais despertos para as oportunidades de serviço. Podemos então começar a estar no lugar certo na hora certa para atender a uma necessidade.

Qualquer ação sem presença é mecânica, e qualquer passo para fora requer um passo correspondente para dentro. Se vamos realmente crescer no serviço, devemos crescer simultaneamente na presença. Quanto mais nossas faculdades interiores estão envolvidas, mais naturalmente o serviço virá de nós.

Conforme a psique se abre ao seu entorno com Amor, há um casamento entre o coração e o meio eletromagnético do Amor, e nasce uma criança: a vontade, ou ação consciente. Até então temos apenas o ego

Serviço no meio divino

– o filho bastardo do intelecto com o desejo. O casamento das faculdades sutis da mente, ou do coração, com o Amor incondicional, dá à luz a verdadeira, consciente e inqualificável vontade. A qualidade da ação nesse nível de funcionamento humano é criativa e holística. A alma tem a possibilidade de agir a partir de sua própria iniciativa e em nome do Amor, não meramente de reagir a partir do desejo pessoal e da insegurança. Como a psique refinada estende-se muito além do ser fenomenal, suas ações têm uma qualidade magnética, até mesmo milagrosa. Um exemplo disso foi a visita de Madre Teresa a Beirute quando estavam em guerra. Ela disse, antes de ir, que no dia de sua visita a briga pararia. Ela não exigiu que a briga parasse, mas parou.

## DESCONDICIONAMENTO

A fusão do coração com o meio do Amor nos traz ao estágio conhecido como descondicionamento, o estado mais elevado de sutileza da mente e do coração. As faculdades sutis tornam-se tão expansivas e abrangentes que vemos nosso próprio ser em tudo. O sentido de identidade torna-se tão expansivo que sente sua união com o Ser Divino. É como se o ser humano tivesse dois polos, a individualidade de um lado e o Ser Divino do outro.

Ao aprender a amar alcançamos uma percepção das dimensões mais profundas presentes no mundo real. O Amor já não é meramente uma forma de atração, nem algum sentimento virtuoso que aprimora o caráter. É a causa de tudo e o meio eletromagnético em que vivemos. Onde quer que encontremos o amor, ele nos levará mais adiante no caminho de volta à Fonte do Amor.

O Shaikh Abdullah Ansari, mestre afegão do século XI, deu essas respostas a três perguntas fundamentais: o que é a devoção? Perceber a Realidade. O que é a lei sagrada? Não fazer o mal. O que é a Realidade? O desprendimento. Suas respostas transmitem um sentido profundo e universal, livres do condicionamento cultural, do sentimentalismo e do dogma religioso.

Os filósofos podem pensar a respeito da Realidade e o que ela é essencialmente, refinando suas formulações em busca de consistência lógica e ressonância linguística. Enquanto o filósofo constrói um sistema mental acerca da Realidade, o praticante funde-se com ela, descobrindo sua própria existência como Espírito.

Tudo existe e acontece dentro de uma matriz do Espírito, governada por leis espirituais; tudo é ordenado e legítimo.

Aumentar o nosso conhecimento das leis espirituais ajuda-nos a encontrar nosso propósito e possibilidades como os seres que fomos criados para ser. Quanto mais sentimos nossa conexão com o Poder Criativo que nos guia, mais estaremos espontaneamente a serviço.

A maioria das pessoas no mundo de hoje precisa diminuir o ritmo a fim de fazer essa conexão. Alguns conseguem diminuir o ritmo em um minuto, enquanto para outros pode levar uma vida inteira. Muitas pessoas equiparam ter sucesso na vida a estar constantemente ocupadas, e fogem do ponto de tranquilidade dentro do seu próprio coração. Essa tranquilidade é a origem do verdadeiro serviço; quando estamos conectados a ela, o serviço torna-se nossa segunda natureza.

Por que não aceitar que estamos dentro da matriz do Espírito nesse exato momento? Se estamos dentro dela, com o que deveríamos nos preocupar? A Realidade não é fundamentalmente compassiva e misericordiosa? O aparente caos não é apenas um fino véu sobre a ordem?

No entanto, permitimo-nos estar separados por meio de uma resistência inconsciente. Ficamos muito absorvidos em nossas ilusões e fantasias – nossa negatividade, inveja, inseguranças, resistência, julgamentos, dúvidas e vaidade mesquinhas. Podemos superar a resistência que temos a despertar? É possível reconhecermos até que ponto vivemos sob a tirania do falso ser, e ao mesmo tempo despertar para a Presença Viva dentro do nosso próprio coração?

Serviço no meio divino

Dentro deste mundo há um suspiro de compaixão. Essa Essência Divina está mais próxima de nós do que nossa veia jugular. A Face Divina está em toda parte por onde olhamos; somos rodeados por suas qualidades. Tudo está sendo exalado a partir do silêncio do Espírito. Eis a chave para os segredos do momento, para a plenitude do viver. Deixe que sejamos o alento dessa respiração; deixe-nos ser essa Presença Viva.

# 33
# O que é o sufismo

O sufismo é uma prática e uma forma de vida em que se descobre e se vive uma identidade mais profunda. Essa identidade mais profunda, ou Ser essencial, está além da personalidade superficial, em harmonia com a Fonte da Vida. O Ser essencial tem habilidades de consciência, ação, criatividade e amor que estão muito além daquelas da personalidade superficial. Em algum momento chega-se a compreender que essas habilidades pertencem a uma Existência superior que cada um de nós individualiza e incorpora da sua maneira singular, ao mesmo tempo que nunca nos separamos dela.

O sufismo, como o conhecemos hoje, desenvolveu-se dentro da matriz histórica e cultural do Islã. A revelação islâmica apresentava-se originalmente como a mais recente manifestação da mensagem trazida para a humanidade pelos profetas de todos os tempos. O Alcorão reconhece a validade de inúmeros profetas, ou mensageiros, que vieram para nos despertar do egoísmo mesquinho e lembrar-nos da nossa natureza espiritual. Confirmava a validade de revelações passadas, ao mesmo tempo afirmando que a mensagem original fora muitas vezes distorcida com o passar do tempo.

A declaração islâmica de sua universalidade está fundada no amplo reconhecimento de que só existe um Deus, o Deus de todos os povos e verdadeiras religiões. O Islã compreende a si mesmo como a sabedoria realizada pelos grandes profetas – incluindo explicitamente Jesus, Moisés, Davi, Salomão e Abraão, assim como outros mencionados na Bíblia, e implicitamente incluindo outros seres iluminados não nomeados de todas as culturas.

Ao longo de catorze séculos, a ampla tradição islâmica contribuiu com um corpo de literatura espiritual incomparável a qualquer outra na terra. Os princípios orientadores do Alcorão e a virtude heroica de Muhammad e seus companheiros proporcionaram um ímpeto que permitiu o desabrochar de uma espiritualidade do amor e da consciência. Os que seguem hoje o caminho sufi são herdeiros de um imenso tesouro de sabedoria e literatura.

A começar por suas raízes no tempo de Muhammad, o sufismo cresceu organicamente como uma árvore com muitos galhos. Esses galhos geralmente não veem uns aos outros como rivais. No mundo de hoje existem vários grupos sob o nome de sufismo. Há alguns que aceitam o Islã em sua forma e essência e outros são muçulmanos em essência, mas não em sua forma rigorosamente ortodoxa.

"Islã" originalmente significava submissão: a harmonização do ser individual com o Divino. O sufismo é uma expressão intencional e intensificada desse estado de submissão universal. Mais do que uma doutrina ou sistema de crenças, o sufismo é uma aproximação experimental do Divino. É uma tradição de iluminação que leva adiante, através do tempo, a verdade essencial. A tradição, no entanto, precisa ser concebida em um sentido dinâmico e vital. Sua expressão não deve ficar limitada às formas religiosas e culturais do passado. A verdade do Islã, expressa no Sagrado Alcorão e incorporada pelo caráter do profeta Muhammad, que a paz esteja com ele, requer uma reformulação e expressão renovada a cada época.

A tradição é e continuará sendo crítica do mundano, de tudo o que nos leva a esquecer da Realidade Divina. Nunca se comprometerá com uma sociedade obstinadamente materialista. A tradição é e deve ser uma saída do labirinto de uma cultura falida e materialista. Acima de tudo, no entanto, trata-se de um convite para a plenitude de sentido e o bem-estar.

Se há uma verdade central reconhecida pelo sufismo é a unidade do Ser; que toda a vida e todo indivíduo consciente, toda a expressão da vida participa dessa unidade. Não somos separados; participamos dessa Unidade em uma dimensão que está além do tempo e do espaço. Todos os pensamentos e emoções são transmitidos por um meio que não está sujeito ao tempo ou à distância. Vivemos em um tempo que é uma excelente posição para observar essa verdade – emocionalmente, graças ao encolhimento do nosso mundo com as comunicações e o transporte, e intelectualmente, graças ao desenvolvimento das ciências. Nós somos um só: um só povo, uma ecologia, um universo, uma existência. Se há uma verdade é que todos somos parte integrante da Verdade, não estamos separados. A percepção dessa verdade tem seus efeitos em nossa noção de quem somos, em nossa relação com os outros e com todos os aspectos da vida. A essência do sufismo está em dar-se conta da corrente de amor que percorre toda a vida, a unidade por trás das formas.

Se o sufismo tem um método central, este é o desenvolvimento da recordação e do amor de Deus. A presença pode começar a nos despertar da nossa escravidão ao mundo e aos nossos próprios processos psicológicos, e o Amor cósmico pode compreender o Divino. O Amor é a mais alta ativação da inteligência, pois sem ele nada de grande seria alcançado, seja espiritual, artística, social ou cientificamente.

O Islã, no sentido do estado espiritual de submissão, é o atributo daqueles que amam. Os amantes são pessoas purificadas pelo Amor, livres de si mesmas e de suas próprias qualidades, plenamente atentas ao Amado. Isto quer dizer que os sufis não estão presos por nenhuma qualidade própria, pois veem tudo o que são e tudo o que têm como algo que pertence à Fonte. Um antigo Sufi, Shibli, disse, "O sufi vê apenas Deus nos dois mundos". Tudo o que tem valor em nós tem sua origem na unidade da Existência.

Este livro trata de um aspecto essencial da vida espiritual: a presença, e como essa presença pode se desenvolver até tornar-se recordação, e como por meio da recordação podem ser ativadas as nossas qualidades humanas essenciais.

Abu Muhammad Muta'ish diz: "O sufi é aquele cujo pensamento segue o ritmo de seus pés, ou seja, ele é inteiramente presente: sua alma está onde seu corpo está e seu corpo, onde sua alma está, e sua alma, onde seu pé está, e seu pé, onde sua alma está. Este é o sinal da presença sem ausência. Outros dizem, ao contrário: 'ele está ausente de si mesmo mas presente com Deus'. Não é isso: ele está presente consigo mesmo e presente com Deus".

A cultura predominante de hoje é resultante de uma percepção equivocada. É materialista, alienadora, neuroticamente individualista, narcisista, e ainda movida pela ansiedade, vergonha e culpa. Do ponto de vista sufi, a humanidade sofre hoje sob uma sutil tirania, a tirania do ego. Adoramos inúmeros falsos ídolos, mas todos eles são formas do ego.

Há muitas formas pelas quais o ego humano pode usurpar os mais puros valores espirituais. O verdadeiro sufi é aquele que não faz qualquer reivindicação pessoal à virtude ou à verdade, sabendo que o melhor de cada um de nós tem sua origem no Divino. Nosso trabalho é cultivar a presença e a gratidão, desenvolvendo-nos lenta e constantemente em direção a um estado de amor desinteressado.

Mais importante do que aquilo em que acreditamos é como vivemos. Se certas crenças religiosas levam a exclusividade, presunção, arrogância ou fanatismo, o problema é o egoísmo caprichoso do crente. Se a crença religiosa, que deveria ser o remédio, só faz aumentar a doença, é necessário um remédio ainda mais básico.

É um erro pensar que podemos ser aprimorados ao acrescentar a nós mesmos mais crenças e informações, sem tratar as distorções fundamentais do nosso egoísmo. O desenvolvimento espiritual tem menos a ver com acrescentar algo a nós mesmos e mais com nos tornarmos livres das distorções egoístas por meio da luz de uma nova qualidade de consciência.

A presença e o amor consciente que é possível no estado de presença são o remédio mais potente diante do materialismo, do egoísmo e da inconsciência que prevalecem em nosso tempo. Na obsessão com nossos falsos seres, ao negarmos a Unidade da Existência, também perdemos o nosso Ser essencial, nosso próprio brilho divino. Ao esquecermos de Deus, esquecemos de nós mesmos. Recordar a Deus é o princípio da recordação de nós mesmos.

Seres humanos capazes de viver dos seus seres essenciais naturalmente geram comunidades de caráter, afeição e beleza. A hospedaria sufi, lugar onde as disciplinas do sufismo podem ser aprendidas e praticadas, é um ambiente onde a conduta é refinada, o serviço é aperfeiçoado e a amizade, aprofundada. Especialmente no mundo de hoje, onde vale tudo, a hospedaria sufi é um lugar onde as possibilidades de respeito consciente e amizade íntima são otimizadas. A verdadeira medida do desenvolvimento espiritual é o quanto cresce a nossa capacidade de amar. Uma comunidade de pessoas vivendo na sinergia da recordação produz uma vibração de amor.

"Nossa tarefa é criar a Civilização do Paraíso aqui na terra", nos disse Asad Ali, um dos maiores poetas em língua árabe, uma noite em Damasco. E Abdul Aziz Said, um grande ativista dos direitos humanos, certa vez me perguntou, "Qual é a função ecológica do ser humano?". A pergunta me deixou perplexo.

"É o Amor", ele respondeu.

Diante de todas as forças que ameaçam nos desumanizar – o ritmo cada vez mais acelerado da vida, a despersonalização que surge da preocupação com a tecnologia, a substituição do contato humano direto pela experiência virtual – a espiritualidade do sufismo, que transforma as relações humanas com energia divina, oferece uma esperança não só para a preservação da nossa natureza humana, mas para alcançarmos o verdadeiro propósito para o qual a natureza humana existe.

Aqueles que aceitam as responsabilidades do caminho dervixe, da irmandade espiritual, criam um ambiente no qual a dignidade e o caráter humano podem plenamente florescer. Tal comunidade não é apenas o fruto maduro do processo sufi, é também o meio pelo qual esse processo é sustentado. Esses círculos de recordação oferecem esperança para o futuro da humanidade neste planeta.

# Glossário

Parte da intenção deste livro é estabelecer uma nova linguagem para a experiência espiritual, em uma cultura carente de um vocabulário espiritual maduro. Tenho consciência de como a tentativa de ser preciso na minha língua pode facilmente perder-se em meio a todos os desafios de se criar uma tradução satisfatória em um idioma diferente. Nunca chegarei a saber quanto esforço foi necessário para encontrar a tradução para alguns dos termos que são essenciais para a compreensão da mensagem deste livro. Por exemplo, as distinções entre percepção [*awareness*], consciência e presença, ou as distinções entre ego, ser [*self*] e alma. Além disso, há um conhecimento esotérico específico embutido no glossário: por exemplo, a definição de humildade como consciência da nossa dependência de Deus, e da nossa interdependência com outros seres humanos. Ou ainda, a definição do Amor como um campo eletromagnético e como a primeira experiência do Espírito. Sempre vi o Glossário como uma parte especialmente importante do livro, embora seu valor possa, à primeira vista, estar escondido.

*(da correspondência de Helminski para a tradutora)*

**definição de uma definição:** "Uma definição precisa abarcar todos os aspectos relacionados ao que está sendo definido e deve estar livre de todos os aspectos que não estão de acordo." – Hasan Tahsin Baba

"Uma definição é uma afirmação que inclui todos os amigos do definido e exclui todos os seus inimigos." – Murat Yagan

**adequação:** a filha do amor e da humildade.

**alma:** o Espírito individualizado. O âmago da individualidade que pode ser desenvolvido e espiritualizado e forma uma conexão entre o ego e Deus/Espírito. Ver também *self*; **Espírito**.

**Amado:** o ponto de contato de alguém com a Essência; pode tratar-se de uma pessoa individual ou de uma presença onipresente.

**Amor:** o meio eletromagnético em que todos existimos, que exerce várias forças de atração entre tudo o que contém; o maior poder transformador; nossa experiência do Espírito.

**ancião:** um portador maduro do Ensinamento; alguém que porta a luz da tradição.

**anseio:** um dos atributos mais valiosos de um buscador, que se torna a força motivadora de toda a viagem de retorno a Deus.

***baraka*:** a habilidade de pôr em ação os atributos divinos da mente supraconsciente; encanto divino.

**beleza:** aquilo que se torna nosso ponto de contato com o Amor.

**casamento:** uma união que é o resultado ou destino do nosso amadurecimento e fermentação sexual.

**cavalheirismo:** sacrifício heroico e generosidade. Uma ética sufi que remonta à família do profeta Muhammad (que a paz esteja com ele).

**completude:** o ato de estar em unidade com o Todo, percebendo a Verdade do ser que tem sua origem no divino.

**compreensão:** o entendimento alcançado por meio da nossa mobilização das mentes supraconsciente e subconsciente, assim como dos nossos cinco sentidos.

**conhecimento:** são reconhecidos sete níveis: conhecer o nome de alguma coisa; conhecer por meio da experiência direta dos sentidos; conhecer intelectualmente alguma coisa; conhecer por meio da compreensão e do entendimento mais profundos; conhecer por meio do fazer e da aplicação; conhecer por meio das faculdades supraconscientes; conhecer direta e unicamente pelo Espírito.

**consciência:** para o ser humano, o grau da nossa percepção, interna e externa, em tantos níveis de experiência quantos há disponíveis para nós. Uma percepção potencialmente abrangente que engloba o pensar, o sentir e a sensação corporal sem estar limitada por estes. Em última instância, o contexto não explicado de toda experiência.

**contentamento:** saber o que se tem; uma atenção às riquezas que se tem no momento, sem excluir a possibilidade de ter mais.

**coração:** a faculdade subconsciente e supraconsciente da mente; todas as faculdades da mente que não são intelectuais. O âmago da nossa individualidade. O ponto do meio entre ser (*self*) e Espírito, que permite a formação de uma conexão entre ambos.

**coração conhecedor:** mente amorosa. Todas as faculdades da mente que transcendem o intelecto. Os departamentos supraconsciente, sutil, criativo e espiritual da mente.

***dergah*:** palavra persa para um centro de treinamento sufi. Sinônimos: *tekke* (turco), *zawiya* (norte da África), *khanqah* (persa e indiano).

**dervixe:** uma pessoa que se encontra no limiar entre a escravidão e a liberdade.

**Deus:** a fonte absoluta e o estado mais sutil de todas as coisas.

**devoção:** respeito amoroso por um poder espiritual superior; um anseio que se encontra nos seres humanos; todo serviço à Verdade.

**discernimento (*furqan*):** um termo corânico para a capacidade inata do ser humano de distinguir o bom e o verdadeiro.

**disciplina:** busca metódica. O estado de alguém que faz tudo com um propósito.

**ego e egoísmo:** o ser (*self*) em suas manifestações mais compulsivas. A presunção do intelecto trabalhando para a sua própria sobrevivência, à custa de todo o ser (*self*). O filho ilegítimo da união de intelecto e desejo.

Glossário

**emancipação:** libertação do medo da perda.

**Espírito:** a primeira manifestação da Essência que chamamos de Deus. O Espírito (*Self* espiritual, Essência, *ruh*) como atributo do ser humano está descrito no Alcorão como um impulso ou comando (*amr*) de Deus. O Espírito é a própria Essência da Vida. É como um ponto não dimensional que está ligado ao reino da unidade e tem acesso ao reino dos atributos, dos nomes divinos. Ver também *self*; **alma.**

**Essência:** 1. Deus; aquilo de que tudo provém. 2. A natureza essencial de cada coisa; aquilo que é bom, de forma inerente e útil, em cada coisa.

**faculdades sutis (*latifas*):** capacidade do sistema nervoso humano de refletir o Poder Criativo único; por exemplo, assim como o cérebro é a plataforma da mente intelectual, que é um tipo de reflexo da Energia Criativa, há outras faculdades, mais sutis, capazes de apreender as qualidades infinitas do Ser.

*fana*: o estado de ter se derretido no Ser Divino, que é seguido por ou alterna-se com *baqa*: o estado de ressuscitar por meio do Ser Divino.

**fé:** a percepção de que existimos em uma realidade espiritual, plena de sentido e propósito. A esperança substanciada pelo conhecimento e pela experiência.

**graça:** o transbordamento contínuo da Essência Divina que chega a todas as testemunhas de Deus. A graça que recebemos depende apenas de nossa habilidade para receber.

*Hu*: o pronome da Presença Divina, também entendido pelos sufis como a presença de Deus (*Allah*) dentro de nós.

**humildade:** a consciência da nossa dependência do Espírito, de que não somos os originadores de nada, mas os refletores dos atributos do Espírito; a consciência da nossa necessidade por outros seres humanos.

**imaginário:** ver **intermundos.**

**intelecto:** pensamento, distinto das faculdades das mentes subconsciente e supraconsciente; a mente ativada pela vontade e pela razão. A faculdade da mente que está sob nosso controle mais imediato.

**intenção:** um objetivo ou desejo, claramente formulado em palavras, por meio do qual mobilizamos a energia para alcançar esse objetivo ou desejo. Ter uma intenção espiritual (*himmah*) é o início da integridade.

**interdependência:** a necessidade reconhecida que os seres humanos têm uns dos outros, a fim de alcançar a plenitude da vida em todos os níveis, do material ao cósmico.

**intermundos:** *mundus imaginalis*, o reino intermediário, visionário, entre o sentido puro e a existência material; o *locus* da experiência imaginal, ou imaginária.

**Invisível, o:** os aspectos da Realidade que normalmente estão velados para nós; a Realidade por trás das aparências, incluindo qualidades, inteligência e vontade.

**lei sagrada (*shari'ah*):** idealmente, um código de vida baseado no Alcorão e no exemplo (*sunnah*) de Muhammad, cuja intenção é restaurar e salvaguardar nossa qualidade humana e ordem social, mas que às vezes é sujeita à distorção e ao mal uso pelo ego humano.

**liberdade:** o estado de ter vontade; de estar livre da negatividade; de fazer o que se escolhe fazer sem machucar os outros.

**líder:** alguém que é promovido pelos outros a fim de estar a serviço e de realizar um trabalho específico, a quem damos amor, respeito e tudo o que for necessário para concluir o trabalho.

**mansidão:** paciência desenvolvida ao sofrer atos de injustiça; um termo derivado das Beatitudes de Jesus.

**maturidade:** habilidade em exercer os atributos divinos dentro da nossa ecologia particular, que vem do desenvolvimento e equilíbrio das faculdades humanas latentes sob a graça e orientação divina. A maturidade conduz à realização em todos os departamentos da vida.

**meditação:** escuta interior; uma função da consciência, não do intelecto.

**mente:** todo o campo da Realidade.

**mente subconsciente:** não apenas os complexos inconscientes que podem influenciar a assim-chamada mente consciente, mas também as formas sutis, não intelectuais de conhecimento que podem informar e guiar a mente consciente.

**Mevlana (ou Mawlana):** literalmente "Nosso Mestre", um título honorífico comumente empregado para Mevlana Jalaluddin Rumi.

**misticismo:** uma faculdade peculiar ao ser humano, que não é óbvia para o intelecto nem para os sentidos, mas depende do refinamento e da receptividade das faculdades dentro da mente supraconsciente.

**natureza inata (*fitra*):** a disposição natural que o Divino infundiu no ser humano.

**nada, o:** um estado milagroso do ser alcançado pela máxima sutilização. Como o açúcar dissolvido em água, o ser (*self*) não se esvai completamente.

**negador (*kafir*):** um termo corânico para alguém que por espontânea vontade nega a realidade da Beneficência Divina, uma forma de ignorância voluntária. Tem sido comumente traduzido como "descrente".

**pecado:** separação da Essência; o oposto da submissão; dizer não a Deus. Aquilo que degrada o nosso sentido de sermos humanos.

**percepção [*awareness*]:** qualquer percepção; não necessariamente "consciente".

**personalidade:** hábitos adquiridos de pensamento, sentimento e comportamento, o ser (*self*) social. A personalidade pode tanto manifestar nossa essência como encobri-la.

**ponto de contato:** uma pessoa por meio da qual conseguimos acesso ao Ser superior.

**presença:** o estado de atenção consciente, quando estamos alinhados com as nossas capacidades mais profundas e elevadas.

**profeta:** alguém que traz um código de vida, uma lei sagrada. Um profeta também pode iniciar uma elite no conhecimento da Verdade.

***Rabb* (Sustentador, Senhor, Educador):** um dos nomes de *Allah*, o *Rabb al-Alamin*, Senhor de Todos os Mundos.

*rabita*: uma ligação afetuosa formada entre um dervixe e um *shaikh*, mantendo-se um apoio e proteção espiritual.

**realização:** o progresso ao usar as faculdades humanas. Algo é uma realização se puder ser produzido por vontade própria.

**rememorar, recordação (*dhikr, zikr*):** o que acontece quando o estado de presença entra em relação com o Ser Divino, seja em sua majestade ou intimidade.

**revelação:** uma comunicação do Ser Divino com o propósito de oferecer orientação; instruções para a realização da nossa verdadeira natureza humana vindo da Fonte da nossa natureza humana; os Livros Sagrados (explicitamente: Torá, Salmos, Evangelho, Alcorão; implicitamente os livros sagrados de todas as tradições).

**sabedoria:** um conhecimento que vem de dentro, baseado em leis espirituais objetivas.

*salaah*: a oração ritualística realizada cinco vezes por dia pelos muçulmanos.

**segredo (*sirr*):** a essência mais profunda do ser humano, cujo conhecimento ajuda o ser humano a distinguir o Real do ilusório.

**sensação:** estar conectado a uma consciência do corpo.

**separação:** isolamento, fragmentação. Talvez seja bom inserir esse verbete.

**ser [*self*]:** o sentido de identidade com o qual estamos sempre trabalhando e que continuaremos a transformar e desenvolver para que se transforme em estados de ser cada vez mais sutis e espiritualizados. No nível mais baixo, pode tratar-se de um conjunto de manifestações psicológicas que surgem do corpo, relacionadas ao seu prazer e sobrevivência. No nível mais elevado, pode ser experimentado como uma substância infinitamente refinável. Ver também **alma; Espírito**.

**Ser [*Being*]:** um atributo fora do tempo e do espaço, satisfatório por si mesmo, que pode ser experimentado pela alma. Quando aplicado a um ser humano individual, é o grau da nossa identificação com o Espírito.

**ser humano:** um veículo para o Espírito individualizado; possivelmente, a testemunha mais completa do Espírito dentro desse mundo terreno.

**ser humano completo:** alguém cujo ser tornou-se transparente para o Divino e pode portanto refletir adequadamente toda a gama dos atributos divinos.

**ser [*self*] inferior:** o ser (*self*) baseado no ego.

**ser [*self*] superior:** a parte de nós mesmos que está em contato com o Poder Criativo ou Ser Divino.

**serviço:** viver dentro da consciência do coletivo, "nós". O resultado funcional de se estar conectado à energia cósmica.

**submissão:** o ato do ser inferior de curvar-se ao Ser superior, ouvindo a diretiva do Ser superior onde quer que o encontremos.

**sufi:** uma palavra usada a princípio para descrever aquele que compreende a Essência além das formas. A raiz desta palavra quer dizer "puro e não adulterado".

**sufismo (*tasawwuf*):** autopurificação; o cultivo da natureza divina.

**supraconsciente:** faculdades superiores da mente humana que são sutis e não intelectuais; o que se quer dizer com as faculdades sutis do "coração".

**verdade:** para o ser humano: o conhecimento de que eu não sou separado do Todo.

**vida:** um atributo eterno de Deus, para além da biologia. Existe da eternidade à eternidade e forma a essência da nossa existência.

**vida abundante:** vida vivida plenamente, na qual se está claramente consciente de tornar-se um com a própria mente, corpo, alma e ecologia.

**vontade:** a habilidade de escolher e fazer conscientemente; a faculdade da escolha consciente; um atributo único do ser humano.

Este livro foi composto em Chapaza,
Whitney e Charter e impresso pela
Gráfica Paym em papel Pólen bold
90 gr. para a Attar Editorial, em
Novembro de 2020.